/ Prolog

속절없이 그리운 날에는 섬으로 갔다

바람 부는 날에는 섬으로 갔다.
바람 잔잔한 날에도 섬으로 갔다.
슬픔이 목울대까지 차오른 날에도 섬으로 갔다.
기쁨이 물결처럼 너울져 오던 날에도 섬으로 갔다.
속절없이 그리운 날에도 섬으로 갔다.
오갈 데 없는 날에도 섬으로 갔다.
해 다 저문 저녁에도 섬으로 갔다.
술이 덜 깬 숙취에 시달리던 날에도 섬으로 갔다.

칼바람이 온몸에 칼자국을 내던 겨울 한낮에도 섬으로 갔다.
먹구름이 밀물처럼 몰려오던 날에도 섬으로 갔다.
싱그럽고 뜨겁고 헛헛하던 봄, 여름에도, 가을에도 섬으로 갔다.
실연의 상처가 덧나 심장이 뻥 뚫린 날에도
상처에 새살이 차올라 심장이 간질간질 하던 날에도 섬으로 갔다.
내가 나를 용서할 수 없었던 날에도 섬으로 갔다.
내가 다시 나를 용서하기로 한 날에도 섬으로 갔다.

인생이 나를 저버린 날에도 섬으로 갔다.
믿었던 친구에게 배신당한 날에도 섬으로 갔다.
한 달 동안이나 아무도 나를 불러주는 이 없던 날에도 섬으로 갔다.
그 절망의 밑바닥에서 상현달처럼 다시 사랑이 차오르던 날에도 섬으로 갔다.
그 수많은 생애의 날에 나는 섬으로 갔다.

섬은 나를 비난하지 않았던 것처럼 애써 위로하려 들지도 않았다.
말없이 묵묵히 같이 있어주던 섬.
그래서 나는 또 남은 생애의 날들에도 더 자주 섬으로 갈 것이다.
당신 또한 섬으로 가는 길을 찾을 수 있기를.
그 섬이 주저앉은 당신에게 새로운 '일어 섬'이 되어주기를.
이 글과 사진들이 그 섬으로 가는 입구가 될 수 있기를…

2015년 초여름, 남녘의 섬에서 강제윤

contents

프롤로그
여는 시 - 견딜 수 없는 사랑은 견디지 마라

CHAPTER 01. 그 섬에 사람이 있었네

꽃비 내리는 봄날 금오도	전남 여수	012
사랑의 화살처럼 가슴에 꽂힌 섬 삽시도	충남 보령	022
도통 도통할 생각 없는 노승 고대도	충남 보령	032
금바다였던 득량만 바다의 옛 시절 득량도	전남 고흥	040
나는 하루에 세 번 무섭다 기당미술관	제주 서귀포	050
지도로 가는 길 지도	전남 신안	058
성웅이 아닌 인간 이순신을 만나다 한산도	경남 통영	064
시(詩)로 쌓은 산 시산도	전남 고흥	074
"애인 있어봐, 신경만 쓰이제" 송이도	전남 영광	080
영화와 현실, 그 경계의 섬 실미도	인천 중구	086
남해 바다의 샹그릴라 욕지도	경남 통영	094
연꽃 속의 진주 같은 섬 연화도	경남 통영	104
달이 지고 난 섬에는 낙월도	전남 영광	112

CHAPTER 2. 그 섬에 사랑이 있었네

하염없는 바다, 하염없는 사랑 박지도	전남 신안	122
율도국으로 가는 배 위도	전북 부안	130
죽음으로 함께 한 말과 소녀의 우정 개도	전남 여수	140
피리 부는 소년을 사랑한 여신 흑산도	전남 신안	149
옛 사랑의 작은 섬 관매도	전남 진도	158
카멜리아의 여인 지심도	경남 거제	166
가파도의 로미오와 줄리엣 가파도	제주 서귀포	172
신화의 섬 성하신당과 죽도	경북 울릉	182
늙은 신의 마지막 작품 백령도	인천 옹진	190

CHAPTER 3. 그 섬에 그리움이 있었네

한국의 이스터 섬 여서도 | 전남 완도 ──── 202
떠도는 것은 마음이다! 마라도 | 제주 서귀포 ──── 210
동백이 그리울 때는 홍도로 가라! 홍도 | 전남 신안 ──── 218
함께이기 때문에 외로운 것이다 대청도 | 인천 옹진 ──── 226
남해 바다의 인어, 설운 장군 수우도 | 경남 통영 ──── 236
삶은 매순간이 꽃이다 손죽도 | 전남 여수 ──── 244
남해의 모스크바 소안도 | 전남 완도 ──── 252
신생대의 해변을 지나 중생대의 바다로 사도 | 전남 여수 ──── 260
서해의 작은 제주 굴업도 | 인천 옹진 ──── 268
절벽 끝에서 얻은 안식과 평화 보길도 | 전남 완도 ──── 276

CHAPTER 4. 그 섬에 길이 있었네

그 투명한 시지푸스의 노동 영산도 | 전남 신안 ──── 290
침묵의 소리를 들어라! 내도 | 경남 거제 ──── 294
섬은 바람 속에서 깊어진다 소청도 | 인천 옹진 ──── 302
소매물도 보러 대매물로 간다 대매물도 | 경남 통영 ──── 310
에코아일랜드 연대도 | 경남 통영 ──── 320
바람의 장례 청산도 | 전남 완도 ──── 328
인간의 욕망을 위해 세상은 늘 부족한 곳 추자도 | 제주시 ──── 338

견딜 수 없는 사랑은 견디지 마라

견딜 수 없는 날들은 견디지 마라
견딜 수 없는 사랑은 견디지 마라

그리움을 견디고 사랑을 참아
보고 싶은 마음, 병이 된다면
그것이 어찌 사랑이겠느냐
그것이 어찌 그리움이겠느냐

견딜 수 없이 보고 싶을 때는 견디지 마라
견딜 수 없는 사랑은 견디지 마라

우리 사랑은 몇 천 년을 참아 왔느냐
참다가 병이 되고 사랑하다 죽어버린다면
그것이 사랑이겠느냐
사랑의 독이 아니겠느냐
사랑의 죽음이 아니겠느냐

사랑이 불꽃처럼 타오르다 연기처럼 사라진다고 말하지 마라
사랑은 살아지는 것
죽음으로 완성되는 사랑은 사랑이 아니다

머지않아 그리움의 때가 오리라
사랑의 날들이 오리라
견딜 수 없는 날들은 견디지 마라

견딜 수 없는 사랑은 견디지 마라

CHAPTER 1

그 섬에 사람이 있었네

꽃비 내리는 봄날
금오도 | 전남 여수

당신에게, 섬

꽃비 내리는 봄날, 할머니들은 방풍 밭에 나와 방풍 나물을 뜯는다. 금오도의 밭이란 밭은 온통 방풍과 취나물, 머위나물 천국이다. 방풍을 뜯던 할머니 한 분, 지나가는 나그네에 말을 건다. "천지가 만지가 꽃이요." 그렇구나! 천지가 꽃이고 만지가 꽃이구나. 할머니가 방풍나물 하나를 건넨다. "좀 잡숴 보시오. 우리들은 잘 모르지만 텔레비전서 좋다 안합디야." 오늘 이 방풍 밭에서는 할머니 세 분이 일하신다. 한 할머니는 밭주인이고 두 할머니는 품앗이를 왔다. 미나리과에 속하는 방풍(防風)은 원래 해변의 모래밭이나 바위틈에서 자라는 식물이다. 예부터 맛과 향이 좋아 잎은 나물로 애용되어 왔고, 그 뿌리는 차와 약재로 사용된다. 아이들의 머리가 좋아진다 해서 태교음식에 쓰이기도 했지만 무엇보다 중풍이나 산후 풍 예방에 약효가 뛰어나다고 한다.

금오도는 여수에서 방풍나물 재배가 가장 많은 지역이다. 금오도에 방풍 재배가 본격화된 것은 불과 육칠 년 전이다. 방풍이 값 비싸고 약효가 뛰어난 나물이라는 방송을 본 어떤 이가 해변에 자생하는 방풍 씨앗을 받아다 재배를 시작했고 그것이 급기야 금오도 전체로 퍼져 나갔다. 요새는 관광객들이 방풍을 한 자루씩 사가기도 한다. 밭주인 할머니는 풍에도 좋지만 당뇨에도 좋다고 자랑이다. 당뇨가 있는 할머니는 직접 효과를 봤다.

당신에게, 섬

"입이 마르드만 방풍 즙을 내 먹으니 입 마른 게 없어져 부러."

금오도는 섬이지만 어업보다는 농사가 많다. 전에는 고구마가 주 작물이었는데 방풍재배가 시작된 뒤로는 고구마를 거의 심지 않는다.

"고구마 숭거 봐야 일 년에 몇 십만 원 왔다 갔다 한디 방풍은 한철해도 2년 고구마 농사 한 것보다 나서부러."

점심시간이다. 밭주인 할머니의 며느리가 도시락 세 개를 싸왔다. 고등어조림과 김치, 도시락에는 계란후라이도 하나씩 올라가 있다.

"어서 오씨오. 같이 한술 뜹시다." 할머니들이 밥을 같이 먹자고 하신다. 나그네는 식당에서 막 밥을 사먹고 온 길이다. 달디단 들밥. 마음에 점을 찍는 시간, 점심시간은 모처럼 휴식시간이기도 하다. 방풍 밭은 언덕에 있고 이 언덕에서는 우실마을이 한눈에 들어온다. 할머니들은 밥을 먹으면서도 동네 돌아가는 일에 일일이 참견한다. 마치 중계방송 같다. 눈도 좋으시지.

"두 마리는 밭 매네."

"저게 뭐 짐승이야. 한 마리 두 마리 하게. 한 사람 두 사람이지."

우체국 뒤 밭에서 일하는 사람을 보고 하시는 말씀이다.

"저 차는 야물게 한 차 실었다."

"돈 벌었다 하고 들고 달린다."

방풍 나물을 가득 실은 트럭이 배 시간에 맞추기 위해 속도를 내는 것을 보고 하시는 말씀.

"오리들이 와서 숭어 잡아 자치네. 숭어 덤불이 왔어."

숭어떼가 몰려든 해변으로 물오리들이 날아가 숭어를 잡아먹는다. 숭어가 보이기야 하겠는가. 이즈음에 해변으로 몰려드는 것이 숭어라는 것을 짐작으로 아시는 게지.

밭주인 할머니가 나그네에게 능을 친다.

"여기 함씨들 다 영감 없는 사람들이요. 어디 중신 한 번 서보소."

"문디 소리도 다 하네."

두 할머니가 동시에 밭주인 할머니를 향해 돌팔매질 하는 시늉을 한다. 점심이 끝나고 할머니들은 다시 밭으로 들어간다. 한 할머니 문득 하늘을 올려다보면서 한 말씀.

"날도 좋은데 하늘로 딱 올라가 버렸으면 좋겠어."

꽃비는 내리지 하늘은 푸르지 봄볕은 따뜻하지, 하늘에라도 오를 듯이 기분 좋은 봄날이다.

∞

 함구미 마을, 방파제 주변에는 여행객이 떼로 몰려 웅성거린다. 무슨 구경거리라도 생긴 걸까. 사람들 틈을 비집고 들어가 보니 할머니 한 분이 맨손으로 물고기를 잡고 있다. 썰물 때, 물이 빠지자 방파제 안에는 작은 물웅덩이가 생겼다. 때를 놓쳐 미처 빠져나가지 못한 물고기들이 웅덩이에 갇혔다. 어린 숭어 떼다. 돌로 쌓은 방파제 석축 사이에는 그물이 쳐져 있다. 물고기들은 함정에 빠진 것이다.
 독 안에 든 물고기들, 할머니는 양동이를 들고 그저 주워 담기만 하면 된다. 할머니 손길을 피해 달아나는 숭어들. 힘껏 내달려 봐야 소용없다. 할머니를 따라 나온 손녀아이도 맨손으로 숭어를 잡는다. 옛날에 섬이나 바닷가에서 흔했던 원시 어로인 독살. 돌 그물과 같은 어법. 물고기가 귀해진 요즘은 좀체 보기 드문 풍경이다. 오늘 뭍에서 온 여행객들은 어업 박물관이 살아 움직이는 것을 보았다. 섬 여행이 가져다준 행운이다.

∞

 삶은 무한하지 않으나 유한하지도 않다. 그래서 순간인 줄 알면서도 영원처럼 살지 않으면 안 되는 것이 또한 삶이다. 사람은 무한과 유한 사이를 끊임없이 길항한다. 무한과 유한, 그 경계에서 꽃처럼 피었다 지기를 거듭한다. 꽃이다. 이제 다시 꽃 시절이다. 저 어둡고 찬 겨울의 장막을 뚫고 피어오른 벚꽃들. 금오도 우실마을. 낭창하게 흐드러진 꽃의 무게에 겨워 나무들은 꽃 몸살을 앓지만 덕분에 산과 들은 온통 불 밝힌 꽃등으로 환하다. 저 꽃 시절도 순간이겠지. 하지만 꽃은 순간이 곧 영원이다. 영원은 순간을 통해서만 그 실체를 드러낸다. 그러므로 우리는 순간을 살지만 순간이 아니다. 영원을 사는 것이다. 티끌 같은 시간, 티끌 같은 삶이 덧없으나 더없이 소중한 것은 그 때문이다.

무명이었던 금오도가 세상 속으로 성큼 걸어 나온 것은 순전히 비렁길 때문이다. 해안 절벽을 따라 내내 바다를 보면서 걸을 수 있는 금오도 비렁길은 청산도 슬로길과 함께 최고의 섬 트레일로 꼽힌다. 비렁은 벼랑의 여수 지방 말이다. 통영 동피랑 마을의 피랑이 벼랑인 것과 같다. 금오도 함구미 선착장에서 장지까지 18.5킬로미터. 비렁길은 길 가는 내내 청옥 빛의 바다와 기암괴석으로 인해 숨이 막힐 지경이다. 길은 하늘로 이어진 듯도 하고 바다로 이어진 듯도 하다. 수직으로 향하는 등산로와 달리 수평으로 이어진 트레일인 비렁길은 걷기에 더없이 편안하다. 곳곳이 동백 터널인 비렁길에서는 동백의 시절이면 내내 붉은 꽃의 향연을 즐길 수 있다.

금오는 황금(金) 자라(鰲)다. 섬의 모습이 자라처럼 생겼다 해서 얻은 이름이다. 금오도(金鰲島)는 불과 100여 년 전까지만 해도 호환(虎患) 때문에 주민들이 당제를 올렸을 정도로 골이 깊고 산세가 장엄하다. 사람과 선녀의 애절한 사랑이 깃든 옥녀봉과 신랑봉처럼 금오도의 산은 골골이 신화와 전설의 무대이기도 하다. 한때 국영 사슴 목장이었던 금오도의 산은 임금의 관을 만드는 데 사용되는 소나무인 황장목을 길러내는 황장봉산이기도 했다.

여수시에서는 2012년 세계 해양엑스포를 유치하면서 여수 관내의 섬들을 연결하는 다리박물관 사업을 계획한 바 있다. 그래서 이미 19개나 되는 여수의 섬들이 육지와 연결되고 있거나 연결 중이다. 다리가 생긴 섬들은 육지와 교통이 편리해졌지만 대신 섬의 정체성을 잃고 말았다. 하지만 금오도 주민들은 육지가 되는 것을 거부하고 금오도를 섬으로 남겨 놓았다. 초창기에는 섬 주민들 대다수가 연육교 공사에 찬성했지만 섬의 정체성을 잃고 몰락한 타 지역의 사례를 타산지석으로 삼아 끝내 섬으로 남기로 결정한 것이다. 참으로 고맙고 아름답고 현명한 선택이었다. 그 결정 덕에 금오도는 섬의 향취를 찾아오는 여행자들의 발길이 끊이지 않는다.

Travel Note

금오도 비렁길은 어느 계절에 걸어도 좋지만 동백꽃이 만개하는 3~4월이 절정이다. 비렁길 중간 중간에 통과하게 되는 동백의 터널은 환상적이다. 금오도와 다리로 연결된 안도 당산과 서곶이 오솔길의 동백 숲길도 놓치지 마시라. 또 여수 시내로 나와 향일암과 오동도까지 함께 걷는다면 당신의 여행은 오롯이 동백꽃 여행이 될 것이다. 백야도항을 통해 금오도에 갈 경우 선착장 부근의 '백야리 손두부집'에서 노부부가 직접 만든 손두부에 낭도 젖샘 막걸리 한잔을 맛보는 것도 여행길의 큰 즐거움이다.

사랑의 화살처럼 가슴에 꽂힌 섬

삽시도 | 충남 보령

할머니는 바닷물에 열무를 씻고 있다. 텃밭에서 솎아온 열무들. 바닷물에 담갔다 건져내면 소금 뿌리지 않아도 간간하게 저려진다. 난생 처음 들어가 보는 바닷속이 숨 막혔던 것일까. 땅속에서 나왔어도 여전히 빳빳하게 고개 쳐들고 있던 열무들이 이제는 할머니의 고무 대야에 숨죽이고 누웠다. 할머니는 바닷물에 저린 열무로 김치를 담는다. 내일 아침 뭍의 한 도시에 사는 아들 집에 꽃게무침이랑 택배로 보낼 생각이다. 움직일 힘이 있는 한 내내 그러하실 게다.

삽시도(揷矢島)에는 여객선이 접안하는 선창이 두 곳이다. 윗말 선착장과 밤섬 선착장. 들고 나는 물때에 따라 대는 선착장이 다르다. 수심이 다르기 때문이다. 밤섬 선창가, 여객선이 도착하자 어민들은 뭍으로 보낼 바지락 망태기를 싣느라 분주해진다. 섬의 형태가 화살촉과 같은 모양이라 해서 삽시도라 했다고 전해진다. 오늘 섬은 온통 구수한 멸치젓 냄새로 은은하다. 섬사람들은 늙어가고 섬은 깊이깊이 곰삭아간다. 이즈음 삽시도는 한창 바지락 철이다.

40여 가구가 사는 밤섬 마을 앞 해변은 펄과 모래가 섞인 혼합 갯벌인

"모든 슬픔(고통)은 이야기 되어질 때 비로소 견딜 만해진다."

-이자크 디네센

데 바지락 양식장이기도 하다. 삽시도는 바지락 섬이다. 89헥타르나 되는 갯벌에서 바지락을 양식한다. 삽시도 어촌계 120여 가구가 참가하는 바지락 채취는 봄, 가을 두 번이다. 4월부터 6월 말까지, 또 9월부터 10월까지 연간 200여 톤의 바지락이 채취되고 주민들은 큰 소득을 올린다. 바지락 채취가 없는 늦가을부터 겨울 동안은 홍합을 따거나 해변에서 굴을 깨 소득을 올린다. 삽시도 갯벌은 그야말로 황금벌판이다.

∞

민박집에 짐을 풀고 삽시도 둘레길을 걸으러 간다. 밤섬 마을 뒤꼍의 해변은 밤섬 해수욕장이다. 수루미라고도 불리는 이 해변은 길이 1킬로미터의 아담한 해수욕장이지만 폭이 100미터나 되는 너른 백사장이 있고 수심도 낮아 물놀이하기에 안성맞춤이다. 물길이 끝나는 곳이라 해서 수루미라는 이름이 붙여졌다고 전한다. 이 백사장은 푸른 솔숲이 감싸고 있어 그야말로 백사청송의 장관을 이룬다. 수루미 해변 앞 바다에는 불모도가 있어 물안개라도 피어오른 날이면 한편의 산수화를 방불케 한다. 불모도는 또 거센 파도를 막아주는 방파제 구실을 한다. 불모도는 여객선이 들어가지 않는 섬인데 원주민들은 모두 떠나고 외지인들이 별장을 지어놓고 "뽀트"를 타고 수시로 다녀간다. 해변에서 만난 노인이 알려준 얘기다. 불모도 옆에는 추여, 용메기라고도 하는 바위섬이 병풍처럼 서 있다.

밤섬 선착장에서 만난 키 작은 개 한 녀석이 내내 따라온다. 해변에서 만난 노인은 애완견이었는데 버려져 들개가 됐다고 일러준다. 녀석은 눈망울이 더없이 순하고 슬퍼 보인다. 사람에게 버려졌음에도 사람을 뒤따르는 녀석의 순정이 눈물겹다. 녀석은 앞서 가다가도 나그네가 잠깐 멈추면 저도 멈춰서 기다려 준다. 이 섬도 신안의 임자도나 자은도 같은 모래섬이다. 땅은 온통 모래땅이고 곳곳에 방죽이 있다. 모래치. 바람에 날려 온 모래가 구릉을 이루고 그 사이 웅덩이가 생겨 모래들이 머금고 있던 물이 흘러들어 모래치라는 방죽이 생긴 것이다. 방죽에서는 개구리가 울어댄다.

금송사에서 거멀너머로 가는 숲길을 빠져 나오자 산속에 분지가 나타난다. 작은 방죽이 있고 그 옆으로는 제법 너른 습지가 있다. 이곳은 늪일까. 일부는 농사를 짓던 논 같기도 한데 지금은 온갖 수서 생물들이 살아가는 늪처럼 보인다. 첨벙거리며 울어대는 개구리 떼 울음소리에 정신이 혼미할 지경이다. 장엄한 생명의 대 합창이다. 요즈음 이런 광경을 볼 수 있는 곳은 흔치 않다. 밭일을 하는 노인에게 물으니 3~4년 전까지만 해도 농사를 지었던 논이란다. 대천에 살던 이가 트랙터까지 가져 와 벼농사를 지었는데 모가 한참 자랄 때 태풍을 맞고 말았다. 1만 평의 논농사가 파농이 된 것이다. 태풍이 지나간 후 결국 농사를 짓던 이는 병이 났다는 소문이 돌았고 논은 묵혀져 버렸다.

그 사이 모래섬답게 물이 풍부해 묵혀진 논은 습지로 변했다. 단지 3년 남짓 사람의 개입이 중단됐을 뿐인데 생태계가 살아난 것이다. 사람이 논으로 만들기 전에는 이곳 또한 자연 습지였을 것이다. 습지가 된 논들은 공유지가 많다고 한다. 되살아난 습지를 그대로 살려 생태습지로 보존한다면 삽시도의 또 다른 보물이 될 듯하다. 습지의 끝자락 진너머 해수욕장 부근에서 둘레길이 시작된다.

둘레길은 면삽지에서 물망터, 황금곰솔을 지나 다시 수루미 해변의 금

당신에게, 섬

송사까지 이어진다. 면삽지는 삽시도와 연결된 아주 작은 무인도다. 물이 들면 서로 다른 섬이 되고 썰물이면 하나가 된다. 물망터는 들물이면 바닷속에 잠기고 물이 빠지면 민물이 나오는 곳이다. 칠월칠석날 목욕을 하면 병이 없어진다는 속설이 전해진다. 황금 곰솔은 수령 50년 남짓의 작은 소나무다. 엽록소 부족으로 솔잎이 푸르지 않고 황금빛을 띤다. 백사나 흰동백 같은 변이종이다. 세계적으로 희귀한 소나무라 보존가치가 크다. 둘레길은 수루미 해변에서 끝이 난다. 나그네는 둘레길도 좋지만 섬사람들이 오래 전부터 오고간 작은 오솔길들이 더 아늑하고 좋다. 이런 오솔길이야말로 삽시도가 주는 가장 큰 선물이다.

웃말 논둑길을 걷는다. 논둑길의 끝은 뒷말이다. 빈 수레를 끌고 오던 초로의 여자를 만나 이야기를 듣는다.

"삽시도서 얼마 안 살았슈, 한 30년밖에 안 됐는디."

여객선 외에는 섬 밖으로 나갈 길이 없는데, 마을 사람들 눈에 띄지 않고 빠져나갈 방법이 없었던 거다. 여자는 남편과 함께 바다로 나가 김발을 했다. 김이 잘 안 되자 자망 배를 타고 꽃게를 잡으러 다녔다. 그렇게 섬살이에 적응해 갈 무렵 남편이 덜컥 이승을 떠나 버렸다. 바다 나갔다가 경운기를 타고 오던 중 경운기가 뒤집어져 버렸던 것이다.
 "운이 나빠서 그랬지."
 큰 아들이 중 1 때였으니 벌써 16년 전 일이다. 그때부터 여자는 혼자 힘으로 삼남매를 먹이고 입히고 교육시켰다.
 "삼남매 기르느라 죽을 뻔 봤어요."
 섬에서 혼자 힘으로 살아온 그 세월이 어떠했을까.
 "큰 아들은 학교도 안 댕기고, 고등학교 넣는데 홀랑 도망가고, 그거 붙잡으러 다니느라 울기도 숱하게 울었시유."

여자는 뭍에서 시집와 살았던 세월을 짧다고 한다. 섬에서 태어나 살아온 노인들에 비해 짧다는 것이겠지. 하지만 고단한 섬 살이 30년이 어찌 짧을 것인가. 여자는 부여의 무량이란 마을에서 태어났다. 여자의 나이 스물아홉일 때 뭍으로 시집와 살던 큰 시누이 소개로 섬 남자를 만났다. 그때까지 여자는 베 짜는 일을 했었다. 기모노 만드는 베를 짜서 일본으로 수출하는 가내 수공업 공장을 다녔다.

문명을 누리던 여자가 섬으로 왔을 때 섬에는 발전소가 없었다. 자가발전으로 저녁에만 잠깐 전기를 쓸 수 있었다. 집집마다 돌아가며 석유를 들고 가서 발전기를 돌렸다. 1990년대 중반에야 비로소 온전히 전기를 쓸 수 있게 됐다. 난생 처음 불 때서 밥을 하려니 힘들었다. 석유곤로도 없었다. 섬 살이가 하도 힘들어서 몇 번인가 도망칠 맘도 있었다.

"근디 배가 없어서 못 도망가."

근방 섬들처럼 아이들은 초등학교를 졸업하고 대천에 나가 자취를 하며 학교를 다녔다. 부모가 곁에 없으니 돈은 돈대로 더 들면서 아이들은 아이들대로 고생이었다. 아들은 끝내 학교를 그만두고 말았다. 지금은 산업기능요원으로 군 생활을 했던 그 회사에 취직해서 성실하게 산다. 그렇게 온전하게 제몫을 살아주니 고맙고 또 고맙다.

"도둑질 안 하고 경찰서 안 간 것만 해도 어딘디. 그것만 해도 감사하지유."

여자는 아이들이 셋 다 착하게 자라주어서 마음 든든하다. 여자가 커피를 타온다. 잔을 건네는데 손가락이 셋이나 없다.

"시집와서 손가락도 잘렸어요. 그 이쁜 손가락."

두 개는 꽃게잡이 나갔다가 그물 감던 롤러에 잘리고 또 한 개는 그 전에 김발하다 잘렸다. 그 시절 그 섬에서는 봉합수술 따위는 꿈도 꿀 수 없었다. 전화벨이 울린다. 옆집에서 멸치 말리는 일 도와주러 오라는 전화다. 여자는 갯벌에 나가 바지락을 파고 고동도 잡고 멸치 말리는 일도 다니며 그렇게 살아간다. 여자는 벌써 몇 십 년째, 고향 부여의 무량사에 다닌다. 그 힘으로 외롭고 고단한 섬의 세월을 견뎌왔을 것이다. 잔뜩 주름이 졌으나 여자의 얼굴은 보살처럼 편안하다.

"이제 자식들도 다 컸는데 쉬어 가며 일하고 그러세요."

"그래도 애들 도와 줘야죠. 다 줘도 안 아깝죠."

그렇게 섬의 한 세월이 간다.

Travel Note

충남에는 트레킹하기 좋은 섬이 많지 않아 안면도만큼이나 삽시도는 늘 붐빈다. 주말이나 연휴, 휴가철 등 성수기에는 반드시 여객선과 숙소 등을 예약하고 가는 것이 좋다. 여객선 예약은 가보고 싶은 섬 사이트(http://island.haewoon.co.kr)에서 할 수 있다. 둘레길을 걷는 길에 지선으로 나 있는 면삽지는 지나치기 쉬운데, 꼭 찾아가 봐야 한다. 삽시도 본섬과 면삽지를 연결하는 모래 등에서 펼쳐지는 풍경이 장관이다.

도통 도통할 생각 없는 노승

고대도 | 충남 보령

"이봐 걱정할 것 없어. 지금 우리가 사는 이 세상에는 자네들이 내세라고 부르는 지옥, 아귀, 축생, 아수라, 인간, 천상이 다 있어. 이곳이 바로 내세야… 그렇지 않다면 어째서 자네 머리 위에 저렇게 새파란 천국이 보이고, 어째서 자네 발 밑에 버러지나 개가 버둥대며 기어 다니겠어."

- 후지와라 신야, <티베트 방랑> 중에서

고대도 해안 방파제를 따라 낚시꾼들이 도열해 있다. 들물을 따라 한참 숭어와 갑오징어, 학꽁치떼가 몰려든다. 서해의 섬에서는 마지막 낚시철이다. 이제 겨울이 오면 서해바다의 어류들 대부분은 월동을 위해 깊은 바닷속으로 들어가거나 따뜻한 남쪽 바다를 찾아 떠난다. 지금 한창 몰려들고 있는 멸치 떼도 머잖아 이 바다를 떠나게 될 것이다.

노인 한 분 멸치잡이 안강망 그물을 만들고 있다. 노인은 군대 갔다 온 기간만 빼고 내내 섬에서 어부로 살았다. 예전에는 갯벌에 말뚝을 세우고 그물을 치는 주목망을 많이 했었다. 그때는 고기가 흔했지만 판로가 좋지 않아 값도 안 좋았다. 대하, 독새우(꽃새우), 꽃게, 뒤퍼리 등이 많이 잡혔다. 아귀나 방어 같은 물고기는 팔지 않고 마을 사람들이랑 그냥 나눠 먹었다.

인근 삽시도나 장고도에는 식량을 자급할 수 있는 논이 있지만 고대도에는 논이 없다. 그래서 주민들은 오로지 바다에만 매달려 살았다. 인근 섬들 중 어업 기술이 가장 발달한 것은 그 때문이다. 노인은 라디오를 틀어놓고 종일 그물을 꿰맨다. 라디오는 노인의 보배다. 심심한데 벗이 되어주기 때문만은 아니다. 딸이 상으로 받은 것이기 때문이다.

"둘째 딸애가 보령 종합병원에 취직하고 첫 출근하고 돌아오다가 아파트 경비실 입구에서 돈 봉투를 주었대요. 그걸 경비실에 맡겨서 주인을 찾아줬지요. 시청 미화원 아저씨의 첫 월급이었대요. 그 얘길 전해 들은 시장이 딸한테 상으로 준 거죠."

노인은 그 귀하고 자랑스러운 라디오를 벌써 10년도 넘게 듣고 있다. 보물은 늘 가까이에 있다.

∞

당 너머 해수욕장으로 가는 산길을 오른다. 고갯마루에 이르니 가건물로 지은 절 하나 망연히 서 있다. 도리사. 빈 절은 아닌 듯 싶은데 인적이 묘연하다. 스님은 어디 가셨나. 뭍으로 출타라도 하셨나. 불러도 대답이 없다. 법당 문이 잠기지 않은 것을 봐서는 사람이 사는 절이지 싶은데. 그냥 지나치려다 돌아보니 길 건너에 오두막집이 한 채 있다.

저기가 요사채인가? 다가가니 방 안에서 라디오 소리가 들린다. 문을 두드리자 노승이 문을 열어주며 어서 들어오라신다. 혼자 눕기도 좁을 만큼 방은 작다. 누더기를 걸친 노승은 전기장판을 켜 놓고도 추우신지 이불을 덮고 앉았다. 팔순의 노승은 운수행각으로 세상을 떠돌다 10년 전에 이 섬으로 흘러들었다. 세계를 두 바퀴나 돌면서 "나를 찾아" 다녔지만 끝내 찾지 못했다. 이 섬에 들어온 것도 혹시 나를 찾을 수 있을까 해서였다. 노승은 이제 더 이상 나를 찾지 않게 된 것일까.

"배고프면 먹고, 가는디 신경 써야지. 가는디 신경 써야지" 말씀만 되뇐다. 요새는 도통 도통할 생각도 않고 그저 진언만 외며 산다. 종일토록 법화경만 왼다. 섬에 들어와 10년을 한결 같이 법화경을 읽었지만 그 또한 꿈속이다. 법화경 속에 길이 있다고 10년을 팠으나 끝내 나를 찾지 못했다. 노인은 부모가 누군지도 모른다. 태어나자마자 대전의 보문사라는 절에 버려졌고 절을 세운 노 보살님 손에서 자라다 자연스럽게 스님이 됐다. 태어나 80년을 불문에 있었다. 이 또한 한바탕 꿈이었다.

"꿈속에서 헤맸을 뿐이다." 80년을 수도하고 경전을 외웠지만 달라진 것은 없다. 노승은 "어제 밥 먹고 똥을 쌌는데 오늘도 밥 먹으면 똥을 싼다." 그것이 전부다. "나를 찾는다고 산속에 많이들 앉아 있지만 보여주지 않으니 알 수가 있나. 가는 걸 보는 사람도 오는 걸 보는 사람도 없으니."

그것이 어찌 노승뿐일까! 노승은 조계종 총무원장을 지낸 석주스님을 오래 모셨다. 처음 만난 것이 노승의 나이 마흔이 갓 되었을 때니 벌써 40년 전이다. 석주스님이 "다 잊어버려라" 하니 그때부터 40년 살아온 세월을 다 잊고 살았다. "7세 동자로 10년을 모셨다." 7세 동자처럼 그저 시키면 "네네"만 하면서 살았다. "그때 내 별명이 '네네'였소." 노승의 눈가에 웃음기가 어린다. 그렇게 10년이 지나자 "절을 지으라" 하셨다. 그때부터 또 10년은 절집만 지었다. 온양의 보문사다. 절을 다 지었는데 짓고 나니 허망했다.

그때 마침 원효종 종정 법흥스님을 만났다. "우주를 한 바퀴 돌자" 하길래 함께 세계를 돌았다. 법사 대학를 세워서 운영도 하고 그렇게 또 10년이 흘렀다. 그래서 어떤 깨달음을 얻었을까. "알고 보니 전부 밥 먹고 똥 싸는 것 뿐"이었다. 어디서 부처를 찾을 것인가. 알고 보니 자신이 부처인 것을. 하지만, "사람들은 전부다 만들어놓은 불상에 매달리고 중들은 그 신도들한테 의지해서 살아. 그건 거꾸로 된 불교지. 내 속에 불성이 있으니 나를 찾아, 내 안의 부처를 찾아야지. 사람들은 그저 너를 찾으려고만 해. 물질을 찾고 연인을 찾고 가족을 찾고. 그러니 세상에 나오면서부터 노예가 되는 거지. 진짜 나는 잊어버리고 오로지 너만 찾아다니니까. 큰 스님들을 모셔 봐도 깨달음에 대해서는 별 말씀 없으시고 자꾸 뭐를 하라고 만 해. 절을 지어라. 명예를 드높여라. 그러실 뿐이지. 큰스님들도 다들 자성을 찾지 못했어."

∞

그렇다면 세계를 헤매고 다니는 것이 무슨 소용이랴. 그래서 다 버리고 이 작은 섬의 산중으로 숨어들었다. 하지만 산 속에서도 도무지 나를 찾을 길은 없다.

"해가 쨍그랑 떴는디 꿈꾸는 것 같아요."

처음 섬으로 올 때는 칠순의 노부부와 함께 들어왔다. 지금 그이들은 떠나고 없다. 작은 불사라도 하라고 큰 스님이 쥐어준 돈이 문제였다.

"돈 욕심 채우니까 가버리데요. 내가 어리석었지."

나를 찾는 데 필요한 것은 돈도 물질도, 불사 따위도 아닌데 "거기 빠져

당신에게, 섬

있었던 거"였다.

"내가 나를 나무래야지."

누구를 탓할 것인가! 노승은 오늘도 오직 한 생각, 나를 찾을 생각뿐이지만 끝내는 못 찾아도 좋다.

"갈 데는 맡아 놨으니. 그곳이 어디냐. 도리천이다."

도리천은 정토다. 노승은 오직 그 믿음만은 철석같다.

"도리천이 대체 어디 있단 말씀입니까?"

"어디 있기는 내 마음 속에 있지. 마음이 아니면 그걸 어찌 생각하겠소. 극락도 천당도, 부처도 예수도 오직 마음속에 있지요."

노승의 말씀이 둔탁한 나그네의 머리를 친다. 노승은 이미 극락에, 도리천에 있는 것이다.

Travel Note

고대도나 장고도 같은 서해안의 섬들은 겨울보다는 따뜻한 철에 가는 것이 좋다. 이때라야 먹거리가 풍성하다. 주민들이 뻘에서 직접 캐온 조개나 낙지는 물론 어선들이 잡아온 자연산 대하나 꽃게, 갑오징어, 광어, 우럭 같은 해산물을 아주 싼 값에 살 수 있다. 바다에서 막 올라온 해산물을 민박집에서 요리해 먹는 맛은 어디 비할 데가 없다. 지금까지 먹었던 꽃게는 꽃게가 아니고 대하는 대하가 아니란 사실을 문득 깨닫게 된다.

금바다였던 득량만 바다의 옛 시절

득량도 | 전남 고흥

"책 사느니 두루마리 화장지를 사는 게 낫지"

벌교 읍내에서 고흥 녹동으로 가는 버스, 뒷좌석에 앉은 여자가 혼잣말로 뭐라 뭐라 중얼거린다.

"고흥 가면 우리 이모가 팥죽인가 돈까스 장사를 하는데, 문디 뭐하러 왔냐, 니 줄 돈까스가 어딨냐. 팔 돈까스도 없는데. 얼릉 가라 소금 뿌리기 전에. 그럴낀데 이모가. 처량한 신세여."

여자는 사과 하나를 베어 물며 차창 밖 옷가게 쇼윈도를 보고 중얼거린다. "청바지 입어본 지가 언젠지 가물가물하네. 사는 게 왜 이케 힘드냐. 어디서 돈벼락이라도 떨어졌으면 좋겠다."

여자는 차창 밖으로 보이는 모든 것을 관광안내원처럼 해설하다가 문득 입을 닫는다.

"낮말은 새가 듣고 밤 말은 쥐가 듣는다는데 입 조심해야지."

하지만 침묵은 오래 가지 않는다.

"서방이란 인간은 돈만 생기면 서점 가서 책을 사. 채털리 부인, 보봐리 부인, 그런 걸 사. 차라리 두루마리 화장지를 사는 게 낫지."

옷가게 유리창에 그려진 '크로커다일'이란 상표를 본 여자, 또 한 마디 품평을 놓치지 않는다.

"저게 뭐야, 악어야 악어. 뭐 하자는 거야. 악어탕을 해먹자는 거야."

버스는 벌교를 벗어나 고흥 땅으로 접어든다. 한동안 말이 없던 여자가 다시 입을 연다.

"부산에서 어떤 남자를 만났는데 여관에서 이틀 동안 자더니 나가빌데. 누가 배불뚝이를 좋아할까. 어째서 얼굴은 못난 것이 이렇게 끼가 많은 거냐. 맘은 약해 갖고 남자만 보면 오렌지 주스라도 한잔 사주고 싶으니. 인제 올 남자도 없고, 저승사자 오면 따라가서 애 낳고 잘 살아야지. 근데 사자가 애는 낳지 말라 할까. 그나저나 내가 오늘 왜 이럴까. 울 엄마가 또 병원가자 하겠네. 수용소에 끌려가게 생겼네 하는 짓이."

여자는 다시 입을 닫는가 싶었는데 마침 도로변 무덤가에 노인 한 분 서 있는 것을 목격했다.

"영감이 뭘 방황하고 있어. 묘지로 들어갈랑갑구만."

당신에게, 섬

녹동항에서 여객선을 타고 득량도로 들어왔다. 관청마을은 옛적에 득량도가 완도군 소속일 때 출장소 같은 관청이 있던 마을이라 생긴 이름이다. 나그네는 시제를 모시러 가는 할머니를 여객선에서 만나 종갓집까지 무작정 따라왔다. 내일 시제에 쓸 음식을 장만하느라 온 집안사람들이 다 모였다. 정씨, 김씨를 비롯한 득량도 다섯 성씨가 모두 내일 시제다. 예전에는 씨족마다 시제 모시는 날이 달랐는데 요즈음은 같은 날로 통일됐다. 외지에 나간 젊은 사람들이 다녀가기 쉽도록 일요일로 맞추다 보니 그렇게 됐다. 서울 사는 씨족들은 관광버스까지 대절해서 온다. 음식 준비하던 할머니들은 낯선 나그네를 반기신다.

"어디서 오셨소?"

"멀리서 왔습니다."

"놀러 와 줘서 고맙소. 뭐 구경할 거 있다고. 사람도 살도 안 해요."

사람이 귀한 마을에 나그네가 찾아준 것이 반가우신 걸까. 괜한 공치사까지 하시며 선뜻 밥까지 한상 차려 내신다. 이름난 관광지나 돈을 잘 버는 섬들에 가면 가난한 나그네는 처량하다. 밥을 사먹을 수 없는 경우도 많다. 비싼 회나 매운탕이 아니면 일 인분의 식사는 잘 해주지도 않는 경우도 있다. 그런 관광지들은 사람을 사람이 아니라 상품으로 보기 때문이다. 하지만 가난하고 척박한 섬일수록 사람이 귀한 대접을 받는다. 밥 한 그릇의 환대에 나그네는 마음까지 따뜻해진다.

관청 마을에는 40가구 남짓 사는데 그중 절반이 노인 혼자 사는 독거가구다. 세 사람이 사는 집은 극히 드물다.

"돈벌이 할 것이 없어요. 부정 어업이다 해서 고대구리(저인망) 못하게 하니."

갯벌에서 나는 것도 변변치 않다. 마을에서 젊은 축에 드는 칠순의 이장님을 만났다. 이장님 말씀에 따르면 개불이나 조개들이 많이 나오던 마을 앞 갯벌이 죽은 것은 방파제를 막고 해안에 옹벽을 쌓아 도로를 내면서 부터다. 예전에는 물이 바위에 부서지면서 모래와 펄이 쌓였는데 이제는 더 이상 쌓이지 않고 옹벽에 부딪쳐서 밀려가 버린다.

"그물이나 폐 어구 따위를 마구 버려 바닷속이 썩으면서 고기잡이도 시원찮아요. 고대구리 배를 할 때는 그물로 긁어주니까 바닥이 청소 돼서 고기가 있었는데 지금은 더 없어져 버렸소."

이장님뿐만 아니라 섬사람들은 대체로 저인망 어업이 금지된 것에 서운함이 큰 듯하다. 치어까지 싹쓸이해서 물고기의 씨를 말리는 저인망 어업의 폐해를 모르는 바 아니지만 그 시절이 호황이었으니 그리울 만도 하다.

노동력이 없으니 그 좋은 논들도 다 묵혀 두고 있다. 겨울에는 북풍이 많이 불고 수온이 차서 어류 양식을 하기도 어렵다.

"바다가 겹섬이 됐으면 좋을 걸, 홑섬이 되니까 바람이 들이쳐 분게 암것도 못해요. 바다 양식도 못하고 하우스도 못하고. 전부 맨 늙은이들뿐이라 추우면 회관서 점심해 묵고 노는 게 일이요. 딴 데는 돈 버느라 정신없는데. 편한 섬이요."

이장님은 편안하게 사는 섬이라고 넋두리처럼 말씀하지만 나그네가 보기에 섬에 일거리가 적은 것이 오히려 노인들에게는 복이지 싶다. 추운 겨울에 고생스럽게 일하지 않아도 밥 굶지 않고 추위에 떨지 않아도 된다면 그것이 어찌 행복이 아니겠는가.

한겨울 칼바람 속에서 고생해가며 몇 푼 더 벌어도 그 돈이 노인들 자신을 위해 쓰이지 못하는 것을 나그네는 너무도 많이 봐왔다. 일하다 병들면 병원비며 약값으로 나가고 조금 모이면 자식들에게 내주기 바쁘다. 하지만 이 섬 노인들은 돈벌이가 적으니 더 여유롭다. 평생 희생하고 고생했으니 노년의 겨울이나마 일하지 않고 편안하게 보내는 것이 얼마나 다행인가.

∞

득량도에는 두 개의 마을이 있다. 관청마을 고갯길을 넘으면 선창마을이다. 배가 드나드는 선창이 먼저 생겼다 해서 얻은 이름 선창마을. 16가구가 있지만 네 집은 서울에 근거지를 두고 사는 고향 사람들이다. 관청마을보다 작으나 선창마을은 숲이 좋다.

"당나무 밑이 시원해서 여름에는 점심 먹으러 집에 가기도 싫어요."

그래서 여름에는 피서를 오는 사람들이 많다. 고향을 떠나 사는 자녀들이나 외지인들까지 찾아들어 여름동안은 "몸살이 날 정도다." 어느 집 마당, 할머니는 동부콩이랑 팥을 까서 말리는 중이다. 아직도 군불을 때는 행랑채 부엌에는 호미가 잔뜩 걸려 있다. 세어보니 22개나 된다. 올해만 4개를 더 사셨다 한다. 할머니는 호미 수집광. 저 호미들로 밭도 매고 갯벌에 나가 개불이나 바지락도 파신다. 오랜 세월 사용하고 닳을 대로 닳아버린 호미들까지 버리지 않고 모아오신 거다. 할머니의 고단한 노동의 역사가 호미로 걸려 있다.

마당에는 밀감나무 몇 그루가 아직 열매를 달고 있다. 이미 몇 상자는 따서 자식들에게 보내주셨다. 할머니가 따 주시는 밀감이 새콤하면서도 달다. 하우스 밀감에 비해 그 맛이 깊고 진하다. 선창마을에는 다섯 척의 어선이 남아 있다. 낙지 통발이나 새우 조망을 하고 장어도 잡는다.

"여기 득량 고기가 알아줘요."

할머니도 젊어서는 배를 타고 고기잡이를 다녔다. 고대구리 배를 했었다. 고대구리가 불법어업이 되면서 7년 전 뱃일은 접었다. 설 쇠고 3월까지는 개불을 파서 돈벌이를 한다. 갯벌에서는 또 꼬막이나 키조개, 피꼬막 등을 판다. 전에는 새조개도 많았지만 지금은 사라졌다.

말소리 때문이었을까. 낮잠을 주무시던 할아버지가 문을 열고 나오신다. 일흔다섯 할아버지가 이 마을 이장님이다. 오랜 세월 두 분이 함께 뱃일을 하셨다.

"고흥만, 호산께 그런데서 멸치랑 장어랑 겁나게 잡았었는데. 고흥만 막고 나서 고기가 귀해요. 푹 들어간 홀, 거길 막아버린께."

득량만에 고기가 귀해진 것은 고흥만 간척지 때문이다. 정부는 1991년부터 1998년까지 고흥군 도덕면과 두언면 사이 바닷길 2,875미터를 방조제로 막아버렸다. 그 때문에 갯벌 31제곱킬로미터가 사라져 버렸다. 과거에는 많은 물고기들이 득량만을 지나 고흥만 갯벌을 찾아가 산란을 했었고 그 덕에 고흥만이나 득량만 바다에는 고기가 바글거렸었다. 하지만 간척 사업으로 갯벌이 사라지자 물고기들의 산란장도 없어졌다. 산란장이 사라지니 이 바다에 물고기들이 더 이상 찾아오지 않게 된 것이다.

"금바다였는디. 옛날에는 한 배씩 잡았었어요. 그걸 농토로 만들어 버렸으니. 지금은 어디 농사가 시세가 있나. 물이 유통이 안 되니 바다도 죽어

버리고."

　고흥만 간척으로 물고기 산란장이 사라졌을 뿐 아니라 방조제에 막혀 해수 유통이 안 돼 득량만 갯벌도 썩어간다는 것이다. 이 마을의 담들은 대부분 벽돌담이다. 40년 전 새마을운동 시작할 때 돌담을 헐고 쌓은 것이다. 돌담은 수백 년 세월이 가도 변함없이 튼튼한데 저 시멘트 담은 벌써 썩어서 시커멓다. 이 작은 섬의 전통을 뭉개버리고 시멘트로 획일화시켜 버린 새마을 운동이란 것이 얼마나 허약하고 날림이었는지 오늘 새삼 확인한다.

Travel Note

득량도는 특별할 것 없이 평범하고 쓸쓸한 섬이다. 섬처럼 쓸쓸해지고 싶은 날 문득 떠났다 오면 위로가 되는 섬이다. 시제 무렵에 간다면 더욱 좋을 것이다. 쓸쓸함을 안고 왔지만 세상이 결코 쓸쓸하지만은 않다는 것을 느끼고 갈 수 있을 것이다. 운이 좋다면 시골 외갓집에 간 것처럼 따뜻한 환대의 밥상을 받을 수도 있을 것이기에.

나는 하루에 세 번 무섭다

기당미술관 | 제주 서귀포

　그곳에는 제주의 원형이 있다. 나그네가 제주에 갈 때면 늘 빼놓지 않고 찾아가는 곳. 기당미술관이다. 김영갑(1957~2005)이 사진으로 제주의 원형을 형상화하기 전부터 제주의 원형을 그린 화가가 변시지(1926~2013)다. 기당미술관에는 그의 그림이 상설 전시되어 있다. 기당 미술관을 그냥 지나친다면 여행자는 제주 여행의 절반을 놓치는 셈이다.

　우성(宇城) 변시지 화백, 그의 화폭에는 늘 제주의 바람이 분다. 그의 그림 앞에 서면 폭풍이 몰아친다. 그래서 그는 '폭풍의 화가'로 불린다. 미국의 스미소니언 박물관은 변 화백이 살아 있을 때 생존한 아시아 작가로는 최초로 변 화백의 그림 〈난무〉와 〈이대로 가는 길〉 두 점을 상설 전시했었다. 1997년에는 한국 화가로는 유일하게 검색 포털 '야후'에 의해 고흐, 피카소와 함께 세계 100대 화가에 선정되기도 했다. 제주에 살며 오로지 제주만을 그려온 변 화백의 그림은 가장 지역적인 것이 가장 세계적일 수 있음을 보여주는 명확한 증거다. 한국 화단의 중심부가 그를 제주의 향토화가 정도로 애써 무시하는 데 급급할 때 세계적인 박물관 디렉터는 그의 진가를 알아봤고 그는 변방의 화가에서 일약 세계적인 거장의 반열에 올랐다.

∞

　변 화백은 서귀포에서 태어나 비교적 유복한 유년을 보냈다. 유년기 잠깐이지만 서당에서 한문을 공부하기도 했다. 그것이 후일 "서양화를 전공한 변 화백의 수묵화적 기법에 영향을 미쳤을 것"이라고 서종택 교수는 그의 저서 〈변시지:폭풍의 화가〉에서 분석한 바 있다. 소년 변시지는 6살 때 가족들과 함께 현해탄을 건너 오사카에 정착했다. 큰 형은 고무 공장을 차려 가족들을 부양했다. 그는 소학교 2학년 때 씨름대회에 나가 2,3학년 일본 선수들을 차례로 물리쳤고 마침내 그보다 몸집이 2배나 큰 4학년 선수와 맞붙었다. 오기로 버티다 결국 모래판에 처박혀 관절이 망가졌다. 다리를 절게 된 것이다. 하지만 그 사건은 변시지가 그림에 몰두할 수 있는 계기로 작용했다. 변시지는 1958년 '일전'과 함께 일본의 대표적 공모전인 광풍회전에 출품해 23세 나이로 최연소 최고상을 수상하며 일본 화단의 중심부로 진입했다. 일전의 심사위원이던 사이토 요리는 "변시지의 그림을 인정하면 대가들의 그림이 위험하다"했을 정도로 그는 일찍부터 재능과 독창성을 인정받았다.
　하지만 변시지는 일본에서의 성공을 뒤로하고 1957년 11월 15일 서울

대학교의 초청을 받아 영구 귀국했다. 그러나 학연과 지연, 인맥으로 얽힌 한국 화단의 반목과 질시를 견디지 못해 방황했고 마침내 고향 제주로 낙향을 결심했다. 서울에서는 갑자기 일본에서 귀국한 그를 의심하여 감시하는 기관원들의 눈초리를 견디기도 힘들었다. 두 번이나 국전 개혁운동을 주도하다 좌절하기도 했었다. 그는 제주대학교 교수로 자리를 옮겼지만 그의 삶은 안정을 찾지 못했다. 새로운 화법을 발견하기 위해 고통의 나날을 보내야 했다.

매일 술을 마시고 대취했다. 심지어 일주일 내내 곡기 한번 입에 대지 않고 술만 마시기도 했다. 그가 술에 취해 쓰러지면 동료와 제자들은 그를 화실로 옮겨다 주고 그가 그린 그림들을 훔쳐갔다. 물감이 채 마르지 않은 그림도 있었다. 치사한 우정의 나날들이 갔다. 끝내 견딜 수 없을 때면 바닷가 자살바위 근처를 배회하기도 했다. 그러던 어느 날 아침, 그날도 술에 취한 몸으로 깨어났는데 간밤에 마주 보았던 자신의 캔버스가 온통 황갈색 톤으로 보였다. 서종택 교수의 표현을 빌자면 그는 마침내 '유레카! 한 것이다. 유레카! 나는 알아냈다!' 드디어 '제주의 색'을 발견한 것이다. 하늘도 바다도 땅도, 온통 황갈색. 그것은 제주 원형의 색이었다. 그날 이후 변 화백의 그림은 하늘이나 바다도 푸른색이 아니다. 온통 황갈색이다.

∞

기당미술관은 그의 그림을 아끼는 제주 출신의 재일기업인 기당 강구범 선생이 지어서 그에게 헌정한 미술관이다. 변 화백은 미술관을 개인 소유로 하지 않고 서귀포시에 기증했다. 미술관 특별전시실에는 변시지 화백의 그림들이 상설 전시되고 있다. 전시장으로 들어서는 순간 나그네는 폭풍에 휩싸인 것처럼 강렬한 에너지에 압도당한다. 그의 작품 〈태풍〉 앞에 서는 몇 번이나 무릎 꿇었다. 하늘도 바다도 온통 누런빛, 그의 그림은 현실이 아니다. 현실의 바다와 하늘이 아니다. 하지만 그의 바다와 하늘은 현실을 떠나 있지 않다. 나그네는 어느새 그의 그림 속으로 들어가 구부정한 사내로 서 있다.

그의 그림 〈해촌〉의 돌담에 둘러싸인 초가는 평화롭다. 오늘은 바람이 없어 그림 속의 사내는 모처럼 낚싯대를 드리우고 있다. 하지만 낚싯대에는 줄이 없다. 줄이 없으니 바늘도 없다. 사내는 무엇을 낚으려는 의지가 없다. 그가 낚으려는 것은 바닷속에 있지 않기 때문이다. 그의 낚시는 생의 저 깊은 심연에 거처하는 존재의 본질을 낚아 올리려는 것이다. 대체 나는 어디서 와서 어디로 가는가.

〈더불어〉의 작은 초가 속에는 사내와 말이 들어가 있다. 사내는 화폭에 말을 담으려 하지만 말은 고개를 푹 숙이고 있다. 저 또한 그림을 그리자는 행위가 아니다. 말에게 묻는다. 너는 어디서 와서 어디로 가느냐. 자신도 모르는 답을 말에게 묻지만 말이라고 답이 있겠는가. 변시지 화백의 그림들은 대부분 강렬한 폭풍 속에 내던져진 존재의 고독을 그린다. 하지만 나는 폭풍의 풍경보다 정적인 풍경에서 더 깊은 존재의 외로움을 본다. 거대한 폭풍 앞에서는 존재가 의문을 품을 틈이 없다. 실존이 더 화급하다. 바람에 날리거나 파도에 휩쓸리지 않기 위해 말과 사내와 나무는 서로 기대어 섰다. 그것이 전부다. 초가 또한 날려가지 않으려는 몸부림으로 돌담 아래 고개를 처박고 있지 않은가.

변시지, 〈태풍〉

〈한라산〉, 한라산 아래 초가. 사내는 오늘 또 부질없는 짓을 벌이고 있다. 까마귀에게도 묻는다. 너는 어디서 왔느냐? 까마귀는 뭐라 지껄이는 듯 하지만 아마도 저건 딴청이다. 영리한 까마귀는 알 수 없는 질문을 못 알아들은 척 시치미를 떼고 있다. 자신은 제주 사람들이 생각하는 것처럼 영과 속을 넘나드는 영매가 아니라고 그저 배고픈 날짐승일 뿐이라고. 그러니 그런 것을 알 턱이 없다고. 한낮의 태양은 한라산 마루에 걸려 이글거린다. 태양 아래 세계의 본질은 다 드러나고 비밀 따위는 없는 듯이 보인다. 하지만

"나는 하루에 세 번 무섭다. 해가 저물 때, 내가 잠들려 할 때, 그리고 잠에서 깰 때, 확실하다고 굳게 믿었던 것이 나를 저버리는 세 번… 허공을 향하여 문이 열리는 저 순간들이 나는 무섭다."

-장 그르니에, 〈섬〉 중에서

까마귀도 그걸 이야기하려는 걸까. 멍청아, 보이는 게 다야, 존재의 비밀 따위는 없어.

"짙어가는 어둠이 그대의 목을 조이려 할 때, 한밤중에 잠깨어 나는 과연 무슨 가치가 있는 존재인가를 가늠해 볼 때, 존재하지 않는 것에 대하여 생각이 미칠 때, 잠이 그대를 돌처럼 굳어지게 할 때, 대낮은 그대를 속여 위로한다. 그러나 밤은 무대장치조차 없다."

-장 그르니에, 〈섬〉 중에서

그런데 정말 그럴까. 생사의 비밀은 없는 걸까. 존재의 실상은 끝끝내 찾을 수 없는 것일까. 한라산을 내려와 다시 〈태풍〉 앞에 선다. 그림 속의 바람이 화폭을 벗어나 나그네에게 몰아친다. 사내의 가슴을 할퀴고 지나온 바람이 나그네의 가슴을 뚫고 지나간다. '폭풍의 화가', 변시지의 바람은 정물이 아니다. 활물이다. 그의 바람은 풍경이 아니라 실재. 그는 바람을 그리되 화폭에 담지 않는다. 가두지 않는 것이다. 바람은 멈추는 순간 더 이상 바람이 아님을 잘 아는 까닭이다. 그는 단지 화폭에 바람이 지나갈 통로를 만들어 준다. 그의 그림은 바람의 통로다. 그의 화폭이 늘 일렁이고, 바람 소리가 들리고, 소나무가 흔들리고, 초가집 추녀가 들썩이고, 파도가 솟구치는 것은 바람의 통로를 따라 세상의 모든 바람이 지나가기 때문이다.

Travel Note

기당미술관(064-733-1586)의 휴관일은 매주 화요일과 설, 추석 그리고 1월 1일이다. 올레 6코스 서귀포 칠십리 공원 부근, 삼매봉 도서관 옆에 있다. 미술관 부근 서귀포 칠십리 공원에는 천지연폭포와 한라산을 한꺼번에 조망하고 사진 찍기 좋은 장소가 있다. 놓치지 마시라.

변시지, 〈하늘로 가려는 길〉

지도로 가는 길

지도 | 전남 신안

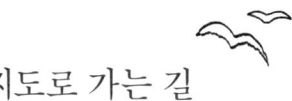

　한국인 최초의 K1(이종격투기) 선수였던 사내 김옥종. 나그네는 어느 날 페이스북에 올라온 이종격투기 선수 출신 요리사 김옥종의 시를 읽다가 그만 울컥하고 말았다. 〈늙은호박 감자조림〉이란 시였다.

　그런 날이 올 것이다. 고단한 저녁의 혈 자리를 풀어주는, 가을 끝자락의 햇볕을 모아 한철 시퍼런 겨울을 이겨낼 수 있는, 절망의 밑둥을 잘라내어 그 즙으로 조청을 만들고 끈적끈적한 세월을 맛볼 수 있게 만드는 요리, 꼭 그런 것만이 아니어도 좋다. 적어도, 그 계절의 움푹진 골짜기에서 흐르는 향기만이라도 담아서 덖어주고 쪄내고 네 삶 또한 감자처럼 포근히 익혀줄 것이니 때를 기다려 엉겨붙어주시게나. 전분이 할 수 있는 가지런한 사명감에도 한 번씩은 우쭐대고도 싶은 날들도 있으니 늙은호박과의 친분이 새삼스럽기야 하지만 갈치인들 어떻고 고등어인들 나무라겠는가? 그저 호박과 어우러져 등짝 시린 이 세월의 무게만큼만 허리 깊숙이 지지고 있다 보면 뒤척이지 않아도 가슴이 벌써 빨갛게 농익지 않았겠나. 기다림의 끝은 이렇듯 촉촉한 가을비처럼 스며드는 맛이었음을 오래 잊고 살지 않았겠나!

이 시 〈가을비〉는 또 어떤가.

가을비가 처 삼촌묘에 벌초하듯이 오능구만! 그날 나는 커팅크루의 "나는 당신의 품에 안겨 디지고자파요"를 들었었네. 애써 친해지지 않았어도 되었을 것을, 서로에게 읽히고 있다는 것을 의식이라도 하듯 이 메마른 감성에 울컥 쏟아붓던 그리움이라 해봐야 시덥지 않은 감상일 뿐, 니가 내 속을 알랴마는 펄펄 뛰는 생선대가리 참수해 놓고 미늘에 붙은 한 세월 "나도 그런 친구가 있었써야" 하며 코 쌕쌕 불면서 개차반 떨어 볼란다. 살아 있는 것을 정리해서 음식으로 만드는 그 쉼표 없는, 살점을 뜯어 녹아내리게 하는 못미더운 그 약간의 희열들 열이 많이 올랐을 때 진정시켜 주던 백합과 세월의 차가움을 위로해 주던 옷닭과 밋밋하지만 네 오르가즘을 해갈했던 오리탕과 내성을 정리 못한 복어 사시미와 쌀뜨물에 힘겨운 우럭간국과 눈뜨고 헤매었던 보릿잎 피던 시절의 숭어까지 젓국처럼 간간했던 사람이여! 표고버섯처럼 은은했던 사람이여! 개장국처럼 진득했던 사람이여!

과문한 탓인지 음식에 관해 김옥종처럼 이렇게 입에 착착 감기게 쓴 시를 나그네는 아직 들어보지 못했다. 그가 요리한 남도 음식 맛이 꼭 이와 같다. 그에게는 음식이 곧 시고 시가 음식이다.

요리사 김옥종은 신안의 섬이었던 지도 출신이다. "싸움이 젤로 쉬웠다"던 김옥종은 목포에서 고교에 다니던 시절부터 암흑가에 몸을 담았다. 시를 쓰기 시작한 건 그 무렵 사랑하던 여자가 깡패는 싫다고 해서 혼자 끄적거리면서부터였다. 조폭생활을 하던 그는 감옥에 다녀온 뒤 조직 세계에서 빠져나오기 위해 킥복싱 선수가 됐다. 김옥종은 마침내 타고난 쌈꾼

"누군가를 충분히 이해할 수는 없어도 충분히 사랑할 수는 있다."

-노먼 매클린, <흐르는 강물처럼> 중에서

당신에게, 섬

기질로 한국 킥복싱 챔피언이 됐고, 그의 경기를 눈여겨 본 일본 K1 프로모터에 의해 한국인 최초의 K1 선수로 스카우트됐다. 1995년 일본에서 열린 K1 그랑프리 개막전에서 쯔요시 나가사코 선수와 싸워 패배했다. 변칙에 능한 거리의 싸움꾼이었지만 경험도 없이 규칙이 정해진 링 위에 올랐으니 어쩌면 당연한 결과였다. 일본에서 받은 파이트머니를 들고 한국에 돌아온 김옥종은 킹복싱 체육관을 열었다가 모두 털어먹었다. 심란한 마음을 달래려고 낚시를 다니다 문득 직접 잡은 생선으로 요리가 하고 싶어졌다. 그래서 이미 식당을 하고 있던 어머니 밑으로 들어가 요리수업을 했고 천직인 요리사가 됐다.

김옥종의 고향인 지도는 1004개나 되는 섬들로만 이루어진 신안군의 모태가 됐던 섬이다. 1895년 조선왕조는 각 지역에 흩어져 있던 섬들만을 모아 세 곳의 군을 신설했는데 완도군과 돌산군 그리고 지도군이었다. 지도군은 이후 무안군으로 편입됐다가 다시 신안군으로 독립해 오늘에 이르고 있다. 하지만 지도는 이제 더 이상 섬의 자취를 찾아보기 어렵다. 무안군 해제와 연륙교가 놓이면서 육지로 편입됐기 때문이다. 증도나 임자도 등의 섬에 가기 위해 지도를 지나쳐 봤던 사람들도 끝내 지도가 섬이었다는 사실을 알지 못한다. 그래서 지도는 섬이지만 이제 더 이상 섬이 아니다. 그 섬의 일부가 광주에 남았다. 그는 김옥종이라는 섬이다. 과거 격투기 선수였지만 지금은 요리사 시인. 그의 시 〈숙명〉처럼 그는 숙명적 요리사인지도 모르겠다.

어머니 선술집 할 때/ 손님이 가져온 광어 한 마리 어설픈 첫 회뜨기로/ 시작해서 벌써 십오 년 칼의 날은 가슴을 저밀 만큼 자라나 있는데/ 마흔일곱 나이에 묻는다/ 너는 커서 무엇이 되고 싶은지/ 니가 원하는 게 진정 요리사인지/ 엎어트리고 자빠져 봤으니/ 이젠 살리는 일을 하고 싶은 게냐?/ 나는 또 묻는다/ 내 심장에 고드름을 꽂듯이/ "지치지 않게 가거라" 이 메아리는 늘 결을 바꾸지 않았으니/ "지친 이들을 안고 가거라"/ 단 한번만이라도 지친 그대에게 따뜻한 심장을 꺼내 체온을 올려줄 수 있다면/ 내 마른 대파 잎의 봄을 잘게 찢어 고명으로 올려줄 것이니.

나그네는 그의 시가 그리울 때면 그의 페이스북 담벼락을 찾고 남도 섬 음식의 진수를 맛보고 싶을 때면 광주로 찾아간다. 광주 신안동에서 지도 섬의 맛을 전승하고 있는 그의 식당으로 간다. 그가 요리를 하고 시를 쓰는 집의 이름은 〈지도로(062-525-3883)〉다. 고향이 그리워서겠지. 그의 마음도 음식도 늘 고향 섬, 지도로 가고 있다.

Travel Note

김옥종 시인은 등단이라는 절차 따위 밟지는 않았지만 등단했다는 어느 시인보다 뛰어난 시를 쓴다. 나는 그가 도마와 칼로 쓰고 후라이팬으로 볶아낸, 그의 시들이, 고춧가루와 다진 마늘과 햇감자와 단양파와 풋고추로 조려낸 그의 시편들이 시집으로 묶여져 더욱 널리 읽히기를 학수고대한다.

성웅이 아닌 인간 이순신을 만나다

한산도 | 경남 통영

　한산도 면소재지 진두마을 민박집에서 난중일기를 읽는다. 이순신은 도망치다 잡혀온 수군들을 처형한다. 군율을 엄하게 하는 것은 병사들을 전장에 붙들어두기 위한 고육책이다. 병사들을 전장에 머물게 하는 것은 애국심이 아니다. 공포다. 적에 대한 공포, 죽음에 대한 공포. 난중일기에 적의 수급을 베어낸 기록만큼이나 탈영병의 목을 베었다는 언급이 많은 것은 그 때문이다. 전장의 안과 밖 어디에도 안전한 곳은 없다.

　무능하고 물정 모르는 임금은 그저 '급히 적들의 돌아갈 길목으로 나가서 물길을 끊고 도망치는 적을 몰살하라' 혹은 '부산으로 가서 돌아가는 적들을 무찌르라'는 뜬구름 같은 교서만 내릴 뿐 군사나 무기를 보내주지 않는다. 제 한 목숨 보전에도 급급한 왕에게 전장에 보낼 지원군이나 무기 따위가 있을 리 만무했다. 전쟁 시작 20일도 못 되어 도성을 왜적에게 빼앗기고 도주한 무능한 조정. 전쟁의 와중에서도 부패한 관리들의 욕망에는 브레이크가 없었다.

　경상우수사 원균은 '명나라 고관 송응창이 보낸 불화살 1530개를 나누지 않고 혼자 독차지하려 하고' 남해 부사 기효근은 '배 안에 어린 색시를 신고 다니며 남이 알까 두려워한다'고 이순신은 탄식한다.

'나라가 위급한 때를 당해서도 예쁜 여인을 태우고 놀기까지 하니 그 사람됨은 말할 수 없다. 참으로 통분하고 한심스런 지경이다.'

이순신 혼자서 아무리 군율을 엄하게 한들 이탈해 가는 민심을 막을 도리가 없다.

'옥과의 향소에서 지난 해부터 수군을 잡아서 보내는 일을 성실히 하지 않아서 도피자의 수가 거의 100여 명이다.'

징집된 백성이 무능한 나라의 군대를 피해 달아나는 것은 살기 위함이다. 죽음을 무릅쓴 탈주. 죽음의 공포보다 강한 것이 생에 대한 애착이다. 전란이 일어나자 임금과 관리들은 제 살길을 찾아가 버리고 백성들만 사지(死地) 내모는 나라. 백성들이 그런 나라에 목숨을 내놓지 않으려 한 것은 너무도 당연하다.

전쟁 중에는 탈영병만이 아니라 포로가 되어 왜군에게 협조한 백성들도 많았다. 백성이란 본래 그런 것이 아니다. 나라가 백성의 보호자가 아니라 수탈자였으니 그런 것이다. 나라가 목숨을 걸고 지켜야 할 고마운 대상이 아니었으니 그런 것이다. 나라는 왕과 양반들의 나라였지 미천한 백성들의 나라는 아니었다. 힘없는 백성들에게는 나라나 왜적이나 다 같은 약탈자였다.

백성들이 의병에 가담해 왜적과 맞서 싸운 것 또한 왕조와 나라를 지키기 위함이 아니었다. 자신을 지키기 위함이었다. 왜적의 만행이 너무도 가혹해서였다. 나라는, 임금은, 조정은, 양반 지배세력은 전쟁 중에도, 전쟁이 끝난 후에도 결코 그런 백성의 뜻을 알지 못했다. 전란 뒤 백성들은 더 이상 임금과 조정과, 양반들을 두려워하지도 신뢰하지도 않게 됐다. 그러므로 후일 병자호란이 일어나 임금과 조정이 남한산성에 갇히게 됐을 때 백성들이 의병을 일으키지 않고 수수방관한 것은 당연한 귀결이었다.

∞

1592년(선조 25년) 7월 7일, 전라우수사 이순신은 전라좌수사 이억기, 경상우수사 원균의 부대와 합류해 한산도 앞바다에서 왜군의 배 70여 척을 격파하고 불태우는 대승을 거둔다. 삼도수군통제사가 된 이순신은 1593년 수군의 본영을 여수에서 한산도로 옮긴다.

'가을 기운이 바다에 들어오니 나그네 생각이 어지럽다. 홀로 배 뜸 밑에 앉았노라니 마음이 몹시 산란하다. 달빛이 뱃전에 비치고 정신도 맑아져서 잠을 이루지 못하고 있는데 어느덧 닭이 울었다.'(1593.7.15)

'원 수사의 음흉하고 간흉함이 대단했다.'(1593.7.28)

1592년 4월 시작된 왜군의 침략으로 조선 반도는 7년간 고통이 극에 달한다. 난중일기는 이순신이 전라 좌수사로 부임한 1592년(선조 25년) 1월 1일부터 정유재란이 끝나가던 1598년 11월 17일까지 7년간의 기록이다. 마지막 일기를 쓴 이틀 후에 이순신은 절명한다.

옥포해전, 당포해전, 당항포해전, 율포해전, 한산도해전까지 해전에서는 연전연승을 거듭하던 이순신이었지만 육상의 패전 소식에는 속수무책이었다. 1593년 6월 29일 10만의 왜군이 진주성을 함락시켰다. 이른바 2차 진주성 싸움. 1592년 10월의 1차 진주성 싸움 때는 3800여 조선군과 성민들이 왜군 3만과 싸워서 승리했다. 하지만 2차 진주성 싸움의 결과는 참혹했다. 성이 무너지자 왜군들은 성안에 남아 있던 6만여 명의 조선 백성들을 창고에 몰아넣고 모조리 불태워 죽였다.

전쟁이란 그토록 무참한 것이다. 평화의 시대에 태어났다는 것 하나만으로도 우리는 모두가 시대의 행운아들이다. 그 행운의 고마움을 모르고 전쟁을 마치 아이들 공놀이나 되는 양 떠드는 자들이 이 나라에는 아직도 많다. 악마가 존재한다면 그들은 틀림없이 악마다.

임진왜란은 칼에 베이고 창에 찔리고 총에 맞아 죽고, 불태워져 죽고, 굶어 죽고, 죽고, 죽고. '백성들이 굶주려 서로 잡아먹기까지 한' 전쟁이었다. 전쟁의 와중에 사람은 없다. 전쟁은 사람이 아니라 '병사'들이 하는 것이다. 전쟁에는 이쪽 사람도 저쪽 사람도 없다. 오로지 적군과 아군만 실재한다. 적을 이롭게 하면 아군도 적이 된다.

'훈도를 처형했다.'

'도망병을 처형했다.'

처형하고 또 처형해도 처형당할 자들은 넘쳤다. 전쟁터에 사람이 설 자리는 없다. 대체 사람과 사람 아닌 것의 경계란 무엇인가. 이순신 또한 사람과 사람 아닌 것의 경계에서 끊임없이 고뇌했다. 적과 탈영병을 가차 없이 처형하고서는 어머니와 자식들 걱정에 날을 새고 또 병사들의 고통에 눈물 흘렸다. 전장은 죽음과 삶의 경계였다.

'미역 60동을 따왔다. 군관 정사립이 왜인의 목을 베어 가지고 왔다.'(1594.3.23)

'송한련이 대구 10마리를 잡아 왔다.'(1594.11.5)

'견내량의 군사 방어선을 넘어서 고기잡이를 한 어부 24명을 잡아다 곤장을 때렸다.'(1594.11.12)

'이날 청어 40두름을 곡식과 바꾸어 사려고 이종호가 받아 갔다.'(1595.11.21)

바다는 죽음의 바다이면서 삶의 바다이기도 했다. 둥둥 떠다니는 적군과 아군의 시체가 물고기와 조개의 먹이가 되는 바다. 그 바다에서 병사들은 동료들의 살을 먹고 자란 조개와 전복을 따고 물고기를 잡아다 굽고 국을 끓였다.

당신에게, 섬

이순신은 불안한 자신의 앞날과 어지러운 심사를 점술에 기대기도 했다.

'장님 임춘경이 와서 내 운수에 대해 이야기를 했다.'(1597.5.11)
'선홍수가 와서 원균의 점을 쳤는데, 첫 괘가 수뢰(水雷) 둔(屯)인데 천풍(天風) 구(女后)로 변했으니 본체를 이기는 것이라 크게 흉하다고 했다.'(1597.5.12)
감지 못한 머리는 늘 가려웠다.
'다락에 기대어 저녁나절을 보냈는데 심회가 언짢았다. 머리를 꽤 오랫동안 빗었다.'(1596.3.25)
'닭이 운 뒤 머리가 가려워 견딜 수 없었다. 사람을 불러 긁게 했다.'(1594.8.5)

이순신은 경상우수사 원균과 부하 군관들에 대한 증오를 자주 토로하기도 하고 첩의 부정을 꿈에 보기도 했다. 이순신에게는 정실부인 상주 방씨 외에도 해주 오씨와 부안댁 두 사람의 첩이 더 있었다.
이순신은 '초 1일 한 밤 중에 꿈을 꾸었는데, 나의 첩(부안 사람)이 아들을 낳았다. 달수로 따져 보니 낳을 달이 아니었다. 꿈이지만 내쫓아버렸다.' 현실의 불안이 꿈으로 나타난 것이다. 이순신 또한 사랑을 잃을까 노심초사 하고 질투심에 몸을 떠는 외로운 사내였다. '나라가 위급함에 처해 있는데 남해 부사 기효근이 어린 색시를 싣고 다니며 논다'고 분노하던 이순신 또한 외로움을 견디지 못해 술을 마시고 시를 읊고 수시로 여인들을 품었다.

'이날 밤, 으스름 달빛이 다락을 비치는데 잠을 들지 못하고 시를 읊으며 밤을 지새 웠다.'(1595.8.15)

'이날 달빛은 대낮 같고 바람 한 점 없는데 홀로 앉아 있으니 마음이 산란했다. 잠을 이루지 못해 신홍수를 불러 퉁소를 듣다가 밤 10시경에 잠들었다.'(1596.1.3)

'개(介)와 함께 잤다.'(1596.3.9)

'국화 떨기 속에 들어가서 술 두어 잔을 마셨다. 여진(女眞)과 잤다.'(1596.8.8)

'광주 목사의 별실에 들어가 종일 술에 취했다. 최철견의 딸 귀지(貴之)가 와서 잤 다.'(1596.8.19)

∞

이순신은 누구보다 원칙에 충실한 관리였다. 훈련원 봉사로 재직할 당시 자신의 상관인 병조정랑 서익의 인사 청탁을 거절했다가 후일 서익의 보복을 받았다. 고흥의 발포 만호로 재직 중 이순신은 서익의 모함으로 파면 당했다. 먼 친척이었던 율곡이 한번 찾아오라는 제의도 거절했다. 1691년 2월 서애 유성룡의 천거로 전라 좌수사로 부임한 뒤에도 원칙에 따라 모든 일을 처결했다.

이순신이 전투마다 승리를 거둔 것은 운이나 기적이 아니라 원칙의 승리였다. 왜군의 침략이 눈앞에 다가오고 있음을 눈치챌 수 있었으나 무능한 조정과 부패한 관리들은 임무에 태만했다. 하지만 이순신은 병사들에게 강도 높은 군사훈련을 시키고 총포 등 무기를 확충하고, 전함을 새로 만들거나 수리하고 거북선을 건조했다. 이러한 일들은 전쟁을 앞둔 군 지휘관이면 누구나 마땅히 해야 할 일들이었다.

이순신은 해야 일들을 마땅히 했으나 다른 관리와 지휘관들은 마땅히 해야 할 일을 하지 않았다. 그것이 전쟁에서의 승패를 갈랐다. 평상이든 전장이든 기적은 없다. 준비가 기적을 만든다. 하지만 전란을 겪고서도 조정과 관리들의 태도는 달라지지 않았다. 송사가 진행 중인데 술과 첩, 심지어 자신의 딸까지 상납해서 위기를 모면하려는 관리도 있었다. 그에 대해 이순신은 단호했다.

'이른 아침 조계종(趙繼宗)이 현풍 수군 손풍련에게 소송을 당한 결과 마주 대면하고 공술하기 위해 이곳까지 왔다가 갔다.'(1596.2.20)

'날이 어두워질 무렵 영등 조계종이 소실을 데리고 술을 들고 와서 마시기를 권했다.'(1596.2.20)

'밤 9시가 지나서 영등 조계종이 그의 딸을 데리고 술병을 들고 왔다고 하는데 만나지 않았다. 11시가 넘어서 돌아갔다.'(1596.3.23)

전란 중에도 조정은 여전히 부패한 자들의 잔치판이었다. 이순신의 절망이 얼마나 컸을지 짐작이 가고도 남을 듯하다.

'안팎이 모두 바치는 물건의 다소에 따라 죄의 경중을 결정한다니 이러다가는 결말이 장차 어떻게 될지 모르겠다. 이야말로 돈만 있으면 죽은 사람의 넋도 찾아온다는 것인가.'(1597.5.21)

Travel Note

한산도는 추봉도와 다리로 연결되어 한 섬이나 다름없다. 추봉도 봉암마을의 몽돌해변은 거제 학동 몽돌 해변 못지않다. 또 한산도 망산을 오르기 벅찬 이들은 추봉도 봉암마을에서 한산사를 지나 추원, 예곡마을까지 이어지는 평탄한 트레일을 걸으면 좋다. 내내 바다를 바라보며 걸을 수 있는 더없이 아름다운 길이다.

시(詩)로 쌓은 산

시산도 | 전남 고흥

당신에게, 섬

시산도(詩山島)는 고흥의 섬이다. 여객선이 거금도를 지나자 해무 속에서 시산도가 모습을 드러내기 시작한다. 첩첩의 산. 시산은 마치 호수 가운데 산처럼 고요하면서 깊다. 본래 시산도는 시산(示山), 시산(時山), 시산(矢山), 시산(詩山) 등 다양한 이름으로 불리다 일제 때 시산(矢山)이라 정해서 쭉 이어졌다. 그러다 1995년 정부에서 일제에 의해 개악된 마을 이름을 되돌릴 때 시산도를 떠나 살던 출향인이 변경을 제안했고 마을 사람들의 동의를 얻어 시산(詩山)이란 이름으로 굳어졌다. 고향을 떠난 그는 고향이 시처럼 그리웠던 것일까. 고향의 풍경이 한 편의 시처럼 기억에 남았던 것일까. 그 덕분에 한국은 가장 시적인 이름의 섬을 갖게 되었다. 아름답고 고마운 일이다.

시산도는 김의 고장이다. 시산도는 고흥군에서 김 양식을 가장 많이 한다. 10월부터 이듬해 5월까지는 김의 포자를 붙이고 기르고 수확하느라 쉴 틈이 없다. 김 양식은 주민들의 노동력만으로는 어렵다. 그래서 이때는 외지에서 온 어업노동자들로 시산도의 인구가 부쩍 늘어난다. 시산항 물양장, 노인 한 분이 김 양식에 쓰는 밧줄을 정리하고 있다.

"애들이 하께 어쩌겠소. 이런 거라도 도와줘야지."

노인의 아들도 김 양식을 한다. 노인은 힘에 부쳐 바다에 나가지는 못하고 육상에서 아들을 돕는다.

"중노동 안 기요. 그래도 요즘 도시 어중간한 월급쟁이보다 낫지라우."

시산도에서도 예전에는 농사를 많이 지었다.

"꼴창 꼴창 논이 있어요. 시산, 여가 물이 흔한 데라. 천하 없는 거석해도 물 걱정은 안 해요."

섬이지만 골이 깊고 물이 많아서 골짜기마다 논이 있었다. 그런데 지금은 산비탈 밭이나 논들도 모두 묵히고 있다. 섬에는 샛구무(東浦)와 섯구무(西浦) 두 개의 마을이 있었지만 지금은 샛구무에 모여 산다. 섯구무에는 달랑 한 집만 남았다.

섬에 하나뿐인 식당, 주인 할머니는 추수감사절 예배에 참석할 생각으로 맘이 급한데 김 양식을 하는 동네 사람 둘은 갈 생각을 않고 계속 맥주를 더 달라고 한다. 한 병만 더 한 병만 더 하던 것이 벌써 열 병째다. 추수감사절 예배 때문에 밥을 못한다기에 라면 한 그릇을 부탁해서 먹고 있는데 사내 하나 말을 걸어온다.

"아저씨는 어디서 왔소?"

"여행 왔습니다."

"경매 건이나 보러 왔는갑소. 카메라 들고 있는 걸 보니"

여행 왔다 해도 도무지 믿지 않으려 한다. 땅 경매 때문에 찾아온 기획부동산 업자처럼 보이는 모양이다.

"서울 사람들이 여기까지 땅을 사러옵디다. 옛날 보건소 건물도 값 오를 줄 알고 서울 사람이 사놨는데 오르나. 그래 다시 팔라고 내놨답디다만 살 사람이 있어야 말이지."

사내는 섬들이 육지와 다리가 놔지는 것도 마땅치 않다.

"섬은 섬으로 남아야 최고로 좋습니다. 다리 놔져서 좋은 건 교통밖에 없소. 그런다고 섬사람들이 더 잘 사는 것도 아니고."

이웃 섬 거금도는 육지로 다리가 놓였다. 그 다리가 시산도까지 오기는 쉽지 않을 터지만 그래도 세상일은 모르는 법이라 그게 남의 일 같지 않다.

"도둑놈 들어온다고 금산면(거금도) 사람들 난리요. 다리 놔지면서 도둑놈만 드글드글 하다고. 나로도도 다리 놔지고 젤 먼저 생긴 게 도둑이라요. 섬 주민들은 이득이 없어요."

실상 섬에 다리가 놔져서 주민들에게 이득이 되는 것은 많지 않다. 육지와 소통이 쉬워지는 것 말고는. 대문 없이 살던 사람들도 늘 도둑 걱정을 해야 한다. 섬에 관광객이 많이 올 거라고 선전하지만 대부분은 차로 한 바퀴 휙 돌아보고 나간다. 섬이 머무는 곳이 아니라 지나가는 곳이 되어버린다. 처음에는 섬사람들도 다리가 생기면 좋아질 거라는 기대를 가졌었지만 직접 겪어보고서야 달라진 것이 별로 없다는 것을 깨달은 것이다. 다리가 놔지면 섬은 그저 육지의 또 다른 오지로 편입되는 것뿐이다. 그래서 섬에 진정으로 필요한 것은 다리보다 섬사람들이 인간다운 삶을 살 수 있는 기반환경의 조성이다.

∞

 시산도의 밤, 마을길을 걷는다. 봉화길 골목을 오르는데 할머니 한 분이 마실을 가시는 중이다.
"마실 가세요, 할머니?"
"누구시더라?"
"여행 온 사람입니다."
"어디서 오셨소?"
"멀리서 왔습니다."
"나는 친구 집 간다우."
"좋으시겠어요."
"아저씨는 친구 없지. 나는 많은데."
 어찌 아셨을까. 혼자 이 먼 섬까지 찾아와 밤길을 헤매는 나그네의 외로운 심사를. 할머니는 친구 집을 찾아가고 나그네는 다시 길을 걷는다. 그런데 교회 아래 어떤 집 지붕이 시선을 붙든다. 그림인지 글자인지 뭔가 그려져 있는 듯하다. 좀더 가까이 가보니 글자다. 나그네는 그만 웃음을 터뜨린다.
"웃자 웃자"
 네 글자가 지붕 가득 쓰여 있다. 심사 외로운 나그네도 웃게 만들었으니

아주 성공적인 디자인이다. 저 집의 주인은 분명 유머 넘치는 사람일 게다. 저 것이야말로 시가 아닌가. 시산도에 와서 나그네는 진짜 시를 읽었다. 지붕을 공책 삼아 쓴 시 한 편. 웃자 웃자.

Travel Note

시산도는 그 이름만으로도 가고 싶은 섬이다. 그러니 큰 기대 없이도 훌쩍 떠나고 싶은 섬이다. 시산도는 또 김의 고장이다. 김 채취하는 작업을 보려면 겨울에 가는 것이 좋다. 관광객이 거의 가지 않는 섬이다. 그래도 마을회관 2층에 콘도식 민박시설이 있다. 시산도가 이 나라 모든 시인들의 고향 섬이 되었으면 바랄나위 없겠다.

"애인 있어봐야 신경만 쓰이제"

송이도 | 전남 영광

안마도에서 영광으로 나가는 배를 탔다. 나그네는 중간 기항지 송이도에 내릴 것이다. 여객선에는 오늘도 뭍에서 들어온 꽃게 활어차가 한 자리 떡 차지하고 서 있다. 어제 안마도에 들어갈 때 봤던 같은 차다. 꽃게차를 모는 청년은 안마도가 고향이다. 광주의 도매상에서 일한다. 고향 사람들이 잡은 꽃게를 사기 위해 매일 배를 타고 안마도에 온다. 요즈음 안마도에서만 하루 1~2톤의 꽃게가 쏟아진다. 청년은 매일 안마도와 노량진 수산시장을 오간다. 낮에 안마도에 들어가 꽃게를 수집한 뒤 저녁 내내 차를 몰아 노량진까지 갔다가 밤을 새워 다시 내려온다. 잠을 자는 것은 영광에서 배를 타고 안마도로 들어가는 두 시간이 전부다. 그래도 청년은 피곤한 줄을 모른다.

"아직 젊어서 끄떡없어요. 두세 시간 자도 서너 달은 괜찮아요."

청년의 삶이 다부지다.

꽃게차 옆 승합차에서는 낚시꾼 부부가 회를 뜨고 매운탕을 끓여 점심을 먹고 있다. 소주도 한잔 곁들인 선상 파티. 봉고차의 짐칸을 평상으로 개조했다. 언뜻 보기에 오십대 후반이나 됐는가 싶은데 둘 다 65세 동갑

내기 부부다. 아이들 다 키워 놓고 부부는 둘만의 시간을 여유롭게 보낸다. 남편은 아직 건축 일을 해서 바쁘지만 틈이 나면 차를 끌고 전국 각지를 여행하고 낚시도 한다. 먹고 자는 것은 모두 봉고차에서 해결한다. 겨울철에는 한 곳에 자리 잡고 일주일 동안 낚시를 하며 놀다 가기도 한다. 부부끼리도 맘이 맞아야 돌아다닐 수 있는데 아내도 낚시광이고 둘이 성격도 맞다.

"애들 결혼하고 직장 다니고 둘이 사는디 이게 낙이요."

산전수전 다 겪었을 남자가 행복하게 웃는다.

"낚시도 하고 구경도 하고 나이 먹어서 이게 젤이요. 부부 둘이 다니는 게 젤로 좋아. 애인 있어봐야 신경만 쓰이제."

'신경 많이 써'본 듯한 고수의 깨달음이다.

∞

송이도는 마을이 동향인 영광 방향으로 형성되어 아침이 빠르다. 마을 바로 앞은 흰 갯돌 해변이다. 검은 갯돌 밭은 더러 있어도 흰 갯돌 밭은 희귀하다. 500미터에 달하는 흰 갯돌 해변과 마을 뒤안 바다의 넓은 풀등으로 인해 유명세를 타기도 했다. 여름철이면 제법 많은 피서객들이 몰려드는 것은 그 때문이다. 섬에는 어로를 하면서 부업으로 민박을 치는 집도 여럿이다. 눈코 뜰 새 없이 바쁜 봄, 가을 꽃게 철이면 밥을 해주기 어려워서 민박을 받지 않는다. 그래서 오늘도 아무 대책 없이 차를 끌고 들어온 여행객 몇 사람은 밥을 해주지 않는다는 말에 바로 섬을 빠져나갔다. 마을에는 민박집들이 여러 곳 있다. 해변가 민박집에 방을 잡았다. 일손이 바쁜 꽃게

철에는 밥을 해줄 수 없다고 거듭 미안해 한다. 숙소로 잡은 콘도형 민박집에는 취사시설이 잘 구비되어 있어 불편할 것이 없다. 꽃게 철이니 오히려 싱싱한 꽃게를 싼 값에 사다 요리해 먹을 수 있다. 이 또한 섬 여행의 큰 즐거움이다. 갓 잡아온 꽃게를 삶아 먹으면 그 단맛에 입이 딱 벌어진다. 지금껏 먹었던 꽃게는 꽃게가 아니었다는 생각이 들 정도다.

폐교 뒤편 숲이 마을의 당산이다. 팽나무 고목들이 여러 그루 늘어선 산길. 아랫당과 윗당이다. 아직은 햇살이 뜨겁다. 그래도 땡볕에 있다가 나무 그늘 아래로 들어서면 서늘하다. 찬 기운이 속까지 식혀 준다. 가볍게 불어오는 미풍에서 풀내음이 난다. 길가에는 익모초들도 한창 꽃을 피워 올렸다. 그 쓰디쓴 익모초도 꿀은 달다. 나비와 벌들이 익모초 꿀을 딴다.

풀숲에서 먹이를 뜯던 흰 염소 두 마리 호기심어린 표정으로 산길 오르는 나그네를 응시한다. 경계의 눈빛은 아니다. 산길의 끝에 자리한 팽나무 고목 세 그루는 윗당이다. 팽나무들은 수호신처럼 산중턱에서 마을을 굽어 살펴보고 지켜 왔다. 윗당 아랫당이 섬의 큰 마을을 지키는 수호신이라면 해변가 작은 마을을 지키는 것은 '큰 할매', '작은 할매' 팽나무들이다. 지금은 어느 당나무에도 더 이상 당제를 지내지 않는다. 하지만 여전히 당나무는 여름이면 시원한 그늘을 주고 마을을 굽어살핀다.

칠산어장의 중심인 칠산도는 송이도의 새끼 섬이다. 칠산어장에 조기 군단이 회유하던 시절 송이도 앞바다도 해마다 봄이면 수천 척의 배들이 찾아왔다. 송이도 사람들은 일찍부터 어로활동을 했다. 그래서 섬에는 부자들이 많았다. 조기잡이가 한창이던 시절 송이도의 250세대 거의 전부가 안강망 배로 조기잡이를 했다. 파시가 서지는 않았지만 송이도는 조기의 천국이었다. 송이도에서도 굴비를 만들었다. 간통에 간질을 한 송이도 굴비는 덕장이 아니라 흰 갯돌 밭에서 말렸다. 잡아온 조기를 생으로 파는 것보다 굴비를 말려 파는 것이 이익이 훨씬 깊다. 칠산어장에서 조기가 사라지면서 송이도의 어업도 쇠퇴했고 인구도 급격히 줄었다. 지금은 48호가 살고 16척의 배가 꽃게와 민어, 농어 등을 잡는다.

∞

갑자기 환한 빛이 쏟아져 들어왔다. 아침이었다. 창밖이 벌겋게 불타올랐다. 해가 떠오르고 있었다. 방안에 누워서 보는 일출이다. 서해 일몰, 동해 일출이란 고정관념일 뿐. 서해에서도 해는 뜨고 동해에서도 해는 진다. 영광 쪽 산들을 벌겋게 물들이는 아침노을. 대지는, 바다는 밤새 해를 기다렸다. 아침잠이 많은 나그네가 일출을 본 것은 참으로 오랜만이다. 잠이 덜 깬 눈을 부비며 고갯길을 넘는다. 물이 빠지는 썰물 때다. 풀등이 모습을 드러냈을 것이다. 고갯마루를 넘으니 이각도 앞까지 물이 빠져 풀등의 모습이 다 드러났다. 언뜻 펄 갯벌처럼 보이지만 풀등은 약간의 펄이 섞인 모래 평원이다. 이 거대한 풀등이 골재로 파헤쳐지지 않고 남아 있는 것은 그 때문이다. 펄이 섞이지 않았다면 진즉에 모래채취로 사라지고 없을 것이다. 바다 생태계에 다행스런 일이다.

신발을 벗고 맨발로 걸어 들어가도 빠지지 않는 모래밭. 밀물 때면 물에 잠겨 있다 썰물이면 모습을 드러내는 모래밭. 대이작도 풀등보다는 모래에 펄이 많이 섞여 있지만 넓이는 그에 못지않다. 과거에는 이 풀등 때문에 조난사고도 잦았다. 풀등은 송이도의 특산물인 동백하, 새우의 산란장이기도 하다. 겨울에는 맛조개와 대합이 많이 나는 조개밭이기도 하다. 풀등에는 한때 지주식 김 양식장을 했던 흔적도 고스란히 남아 있다. 더 이상 김발을 하지 않는 풀등에는 잘려나간 말뚝들이 촘촘히 박혀서 옛 시절을 증언한다. 새우와 조개와, 게와 고동과 물고기들의 부화장. 풀등은 바다 생물들의 자궁인 동시에 무덤이다. 오늘 장대 한 마리는 제가 놀던 모래밭에서 선채로 죽음을 맞이했다. 이제 저 물고기는 한때 제 먹이가 되었던 미생물들의 먹이가 될 것이다. 그렇게 제 생을 버리고 다른 생으로 부활할 것이다.

Travel Note

송이도행 여객선은 영광 계마항에서 출항하는데 조수간만의 차 때문에 출항시간이 매일매일 조금씩 바뀐다. 미리 배 시간을 알아보고 가야 낭패가 없다. 010-9254-5582, 혹은 낙월면사무소(061-350-5981)

영화와 현실, 그 경계의 섬

실미도 | 인천 중구

"슬픔보다 더 넓은 공간은 없고 피 흘리는 슬픔에 견줄 만한 우주는 없다"

−파블로 네루다

당신에게, 섬

갯벌의 한쪽에서 첨단의 항공기가 뜰 때 갯벌의 또 한쪽에서는 어부들이 시원의 뻘밭을 일군다. 인천공항이 들어선 곳은 영종도와 용유도 사이 갯벌이다. 그래서 공항 주변의 섬들은 아직 가지 않은 과거와 미처 도달하지 못한 미래, 그 어느 조간대(潮間帶) 쯤에 위치한다. 첨단과 시원 사이로 가뭇없는 시간의 물살이 흐른다. 저 물살이 우리를 어디로 데려다 줄 것인지 우리는 짐작조차 할 수 없다.

용유도와 연도교로 이어진 잠진도는 무의도로 가는 통로다. 두 섬은 5분 거리에 불과하지만 아직 다리가 놓여 있지 않아 뱃길이 살아 있다. 갯벌에서는 주민들이 허리를 굽혀 호미질을 한다. 그때마다 씨알 굵은 바지락들이 알몸을 드러낸다. 그야말로 뻘밭의 농사다. 뱃머리를 돌리자마자 여객선은 무의도 큰무리 선착장에 도착한다. 2층 선실에 올랐던 여객들은 앉을 틈도 없이 내릴 준비를 한다. 늙은 선원 한 사람이 다 왔다고, 어서 내려오라고 연신 호각을 불어댄다.

무의도가 널리 알려진 것은 영화 〈실미도〉와 〈천국의 계단〉같은 드라마를 통해서다. 영화와 드라마의 흥행 이후 섬에는 개발의 바람이 거세게 불어닥쳤다. 제일 먼저 펜션들이 들어섰고 뒤이어 조립식 주택들이 우후죽순처럼 생겨났다. 지금 섬에는 비슷한 형태의 조립식 주택들이 무질서하게 늘어서 있다. 조악한 형태의 조립식 주택들은 다가가서 들여다보면 내부가 텅 비어 있다. 무의도가 관광단지로 개발됐을 때 보상을 노리고 외지의 투기꾼들이 지어놓은 가짜 집들이다.

무의도는 큰무리섬이라고도 한다. 섬들의 우두머리. 무의도에 대한 지명 유래는 '말을 탄 장군이 옷깃을 휘날리며 달리는 모습 같기도 하고, 선녀

가 춤추는 것 같기도 해서 무의도(舞衣島)라 했다'고 되어 있지만 이는 견강부회다. 실제로 〈세종실록지리지〉나 〈신증동국여지승람〉, 〈대동여지도〉 등에는 모두 무의도(無依島)로 표기되어 있고 〈1872년 지방지도〉에만 무의도(舞衣島)란 이름으로 등장한다. 무의도 주변에는 소무의도, 실미도, 해리도, 상엽도 등 크고 작은 섬들이 무리지어 몰려 있다. 본디 무리지어 있는 섬들 중 가장 큰 섬이라 해서 큰무리 혹은 무리섬이라 했을 것이다. 그러다 무리섬을 한자로 표기하는 과정에서 무의도가 됐을 가능성이 크다. 서남해의 많은 섬들처럼 무의도 또한 여말선초의 공도정책으로 오랫동안 비어 있었다. 내내 군사용 말을 기르는 목장으로 이용되다가 조선 후기에 와서야

다시 주민들의 입도가 허락됐다.

　섬의 북쪽에는 당산이 있고 중앙에는 국사봉이, 남쪽에는 호룡곡산이 있다. 국사봉에서는 국태민안을 기원하는 제사가 지내졌다고 전해진다. 또 정상에서는 절터와 금동불상, 토우 등이 발견되기도 했다. 인천 지역의 섬들에는 무의도만이 아니라 국사봉이란 이름을 가진 산들이 많다. 덕적도와 영흥도, 자월도 등에도 국사봉이 있는데 이들 모두가 국가에서 하늘에 제사를 모셨다는 이야기가 전해진다. 아마도 이 섬들이 모두 개경, 한양 등 왕도로 들어가는 길목에 있어 왕도 방어의 요충지였기 때문이었을 것으로 짐작된다. 섬에는 하나개 해수욕장, 실미도 해수욕장 두 개의 아름다운 모래해변이 있는데 모두 유원지로 이용되고 있다. 실미도 해수욕장은 앞 바다에 실미도가 있어서 붙여진 이름이고 하나개는 큰 갯벌이란 뜻이다.

∞

썰물 때면 영화 실미도의 배경이 됐던 실미도와 무의도는 하나의 섬으로 연결된다. 지금 실미도는 무인도. 영화 이전에 북파공작원을 훈련시켰던 비극적 역사의 섬, 실미도와 실미도 사건이 있었지만 사람들은 더 이상 실미도 사건을 현실로 인식하지 못한다. 영화를 통해 실미도 사건은 허구가 되고 말았다. 영화 배경이 됐던 장소의 경우 대체로 허구가 실제처럼 되는 것이 일반적이지만 실미도는 그 반대가 된 것이다.

실미도 안내판에도 실제는 없다. 실미도는 그저 영화 〈실미도〉의 촬영지로만 소개되고 있다. 실미도는 허구일까? 실제일까? 제작자는 영화를 통해 역사의 진실을 드러내려 했지만 사람들은 오히려 사실을 영화로 오인해 버린 듯이 보인다. 이제 고통의 땅은 그저 연인들의 데이트 코스가 됐다. 연인들은 더 이상 실미도에서 고통을 느끼지 못한다. 영화는 허구라고 믿기 때문이다.

오랜 시간 풍문으로만 떠돌던 실미도 사건. 사건의 실체는 백동호의 소설 〈실미도〉와 강우석 감독의 영화 〈실미도〉를 통해 세상에 드러났다. 그 이전까지 사건은 그저 하나의 낭설로 치부됐을 뿐이다. 1971년 8월 23일, 인천 실미도에 있던 684부대 북파공작원 24명은 기간병 18명을 살해한 뒤 무기를 들고 탈영했다. 북파공작원들은 8월 23일 낮 12시 20분 인천

독배부리 해안에 상륙한 뒤, 버스를 탈취해 청와대로 향했다. 인천에서 육군과 첫 교전을 벌인 공작원들은 버스가 고장나자 두 번째 버스를 탈취해 14시 15분경 영등포구 대방동 유한양행 앞까지 진격했다. 진압군과 교전을 벌이던 북파공작원들은 수류탄을 터뜨려 자폭했다. 20명이 죽고 4명이 잔존했다. 하지만 생존자 4명도 이듬해인 1972년 3월 서둘러 사형 집행됐다. 이런 참혹한 사건이 벌어졌으나 박정희 정권의 통제로 언론에는 단 한 줄도 보도되지 못하고 묻혀 버렸다. 정부는 그저 실미도 난동사건으로만 규정하고 30년간이나 철저히 비밀에 붙였는데 소설과 영화를 통해 세상에 사건의 전모가 드러난 것이다. 하지만 아직도 사건의 실체는 상당 부분 은폐되어 있다.

북파부대인 684부대가 탄생한 배경은 1968년 벽두에 있었던 이른바 1·21 사태다. 북한의 특수부대인 124군 부대원 31명이 대통령 박정희를 살해하기 위해 남파됐고 이들은 감시망을 뚫고 청와대 인근인 세검정까지 침투에 성공했다. 하지만 124군 부대원들은 국군에게 제압당해 김신조를 제외한 전원이 살해당했다. 바로 이 1·21 사건에 대한 보복을 목적으로 탄생한 것이 684부대였다. 그래서 부대는 북한의 124군 부대원과 같이 31명으로 구성됐으며 평양에 침투해 주석궁의 김일성을 암살하는 것이 목표였다. 684부대는 형식적으로는 공군 소속이었지만 실제로는 중앙정보부에 의해 창설되고 유지됐다. 1968년 4월에 창설되었기에 684부대였다. 일반인, 전과자, 죄수 등 다양한 신분에서 착출된 북파공작원들은 실미도에 마련된 훈련장에서 단 3개월 만에 인간 병기로 거듭났다. 기간병이 1대 1로 붙여졌고 훈련은 실전처럼 이루어졌으며 훈련과정에서 7명이 죽임을 당했다. 하지만 거기까지였다. 북한 침투 훈련을 마치고서도 부대원들은 침투 명령을 받지 못하고 실미도에서 3년 4개월을 대기 상태로 있어야 했다. 동서 냉전의 벽이 허물어지던 국제정세의 변화 때문이었다.

 소위 핑퐁외교로 불리는 1971년 4월 미국 탁구선수단의 중국방문과 뒤이은 키신저와 닉슨 대통령의 중국 방문으로 세계는 화해 분위기가 무르익었다. 그런 와중에 북파공작원, 특히 김일성 암살을 위해 만들어진 684부대는 박정희 정권에 부담스런 존재였다. 그래서 정부는 이들 전원을 제거하라는 명령을 내렸다. 1980년대까지도 북파부대가 존재했던 사실을 고려한다면 이들에 대한 제거 명령은 언뜻 이해되지 않는다. 다른 북파부대에 합류시킬 수도 있었을 텐데 어째서 그러지 않았던 것일까. 아무튼 제거 명령을 받은 기간병들은 오히려 인간병기가 된 북파부대원들에 의해 살해되었고 소위 실미도 사건이 발생한 것이다. 당시 기간병 중에서는 단 6명만 생존했다. 이들의 증언이 소설 〈실미도〉와 영화 〈실미도〉의 바탕이 됐다.

 천만 관객이 들었던 영화의 흥행으로 역사 속에 영영 묻힐 뻔했던 실미도 사건은 수면으로 올라왔고 진상규명에 한 발짝 다가가는 듯했다. 2004년 당시 여당이던 열린우리당에서는 "실미도사건 진상조사위원회"를 발족시켰고, 국방부 "과거사 진상조사위원회"에서도 실미도 사건을 파고들었다. 2005년 11월에는 벽제 시립묘지에서 부대원들의 유골 일부를 발굴했다. 하지만 더 이상의 진척은 없었다. '실미도 사건'은 정권의 필요를 위해서는 국민들의 생명마저도 파리 목숨 취급했던 박정희 군사정권의 실체를 보여준 추악한 사건이었다. 사람들은 흔히 실미도 사건의 북파부대원들 대부분을 사형수들로 기억한다. 어차피 죽을 목숨이었으니 억울할 게 무어 있냐고 생각하기도 한다.

하지만 사형수일지라도 법에 의하지 않고서는 국가가 함부로 그들의 생사를 좌우할 권리는 없다. 하물며 684부대원들 대부분이 사형수와는 무관한 죄 없는 민간인이라면 어쩔 것인가. 결국 이들 부대원들 대다수가 민간인이었다는 물증의 일부가 드러나기도 했다. 2004년 초, 1968년 3월 충북 옥천의 한 마을에서 실종된 7명의 청년들 모두가 684부대원이었다는 사실이 국방부에 의해 확인된 것이다. 684부대원 제거 명령은 박정희 정권시절 국가 범죄임이 일부 확인된 것이다. 국민의 안전보장을 존립 목적으로 하는 국가에 의해 자행된 범죄는 개인의 범죄보다 더 엄중히 단죄되어야 마땅하다. 하지만 실미도 사건의 실체는 여전히 미궁 속이다. 오늘 무의도에서 실미도로 건너는 길은 안개에 싸여 있다. 실미도 사건처럼 실미도 또한 여전히 미궁 속이다.

Travel Note

무의도에서 실미도로 들어가는 길은 물때가 맞아야 한다. 물길이 열리는 시간이 언제인지 미리 알아보고 가는 것이 좋다. 실미도 번영회(032-752-3636)나 물때표 사이트를 검색하면 알 수 있다.

남해 바다의 샹그릴라

욕지도 | 경남 통영

　통영은 섬나라다. 그래서 통영을 바다의 땅이라 부른다. 통영에서도 가장 아름다운 섬들이 모여 연화열도를 이룬다. 연화열도의 중심 섬인 욕지도는 그 중에서도 최고의 비경을 자랑한다. 통영항에서 32킬로미터, 한 시간 거리의 뱃길이다. 청보석의 바다와 점점이 떠 있는 섬과 여들. 욕지도 바다의 풍경은 한편의 산수화를 방불케 할 정도로 아름답다. 욕지도는 주변에 크고 작은 섬들을 올망졸망 거느리고 있으면서도 한편으로는 탁 트인 남태평양 바다와 정면으로 마주하고 있다. 다도해의 소담함과 대해의 장쾌함을 동시에 맛볼 수 있는 흔치 않은 섬이다. 욕지도를 본섬으로 하는 욕지면은 10개의 유인도와 45개의 무인도를 거느리고 있다. 욕지도에 면소재지와 각종 관공서가 위치해 있다. 욕지도에는 1500여 명의 사람들이 살고 있다.

　각종 욕지도 관광안내서에는 욕지(欲知)의 뜻을 '알고자 하는'으로 풀이해 놓고 있다. 무얼 알고자 한다는 말인가? 이것은 그냥 글자 뜻풀이일 뿐 욕지도란 이름의 진짜 의미를 풀이해 주지는 못한다. 욕지도의 뜻은 그 자체로는 결코 풀이될 수 없다. 욕지도 한 섬만으로도 풀이가 되지 않

는다. 욕지도의 뜻은 주변의 다른 섬들, 연화도, 두미도, 세존도 등의 섬들과 연계될 때 비로소 실마리가 풀린다. 욕지도를 비롯한 이들 섬의 이름은 "욕지연화장두미문어세존(欲知蓮華藏頭尾問於世尊)"이라는 불경 구절에서 따온 것이기 때문이다. "연화세계(극락세계)를 알고자 하는가? 그 처음과 끝을 부처님께 물어보라." 옛날 욕지도를 비롯한 연화열도의 섬들은 스스로 이미 연화세계를 이루고 있었다. 이들 이름은 불국토, 이상향을 염원하는 누군가의 기획 하에 지어진 것처럼 아귀가 맞다. 그렇지 않고서야 어찌 이런 이름의 섬들이 통영바다에만 몰려 있을까. 근처의 미륵도와 반야도 또한 이 불국토의 자장 안에서 지어진 이름이리라. 그래서일까. 한때 통영과 욕지도 사이를 왕래하던 여객선의 이름은 샹그릴라호였다. 샹그릴라호는 이제 또 어느 이상향을 향해 항해 중일까.

∞

욕지도에는 과거 제주에서 물질을 왔다가 욕지도 총각에게 발목이 잡혀 몇 십 년째 고향에 돌아가지 못하고 사는 해녀들이 여럿이다. 그래서 욕지도 뱃머리에는 해녀가 직접 물질해 온 전복, 해삼, 소라, 합자(조선홍합)들을 맛볼 수 있다. 해녀의 남편인 어부가 낚아온 싱싱한 횟감들은 덤이다. 섬에서는 갓 잡아온 이런 해산물을 먹는 것이야말로 섬 여행 최고의 즐거움이다. 제주에서 물질 왔다가 정착한 해녀의 집, 김금단 포차. 해녀는 스무살 처녀시절 욕지도에 물질을 왔다가 어부인 사내를 만났다. 벌써 30년도 전이다. 해녀는 한사코 자신이 발목을 잡혔다 하는데 어부는 늘 해녀가 발목을 잡았다고 한단다.

해녀는 자신이 잡아온 성게와 돌멍게, 굴을 까주고 남편인 어부가 잡아온 활 고등어를 회로 떠준다. 성게알의 맛은 달디 달아 입안에서 사르르 녹는다. 돌멍게도 바로 잡아온 것이라 고소하다. 욕지도 고등어회는 지금까지 먹었던 모든 회 맛을 잊게 할 만한 마성의 맛이다. 놓치지 말아야 할 최고의 별미다. 해질녘 욕지도 선창가의 해산물 뷔페. 서울 어느 특급호텔에서도 결코 맛볼 수 없는 최고의 성찬이다. 술 한 잔을 마시자 온몸에 취기가 오른다. 하지만 이런 성찬 앞에서라면 몇 병의 술을 더 마셔도 취기는 처음 그대로일 것이다.

출어를 나갔던 어부가 돌아왔다. 어부는 횟감을 또 잡아왔다. 어부에게 묻는다. 누가 발목을 잡았나요. 어부는 겸연쩍게 웃는다.

"제가 잡았죠."

해녀는 어이가 없는지 푸하핫 웃는다.

"별일이네. 낼은 해가 서쪽에서 뜰 모양이네. 늘 내가 발목을 잡았다더니."

해녀는 마침내 어부의 자백을 받아냈다. 기분이 좋은 걸까, 처녀 적 그 시절로 잠시 돌아간 걸까. 목소리에 설렘이 묻어난다. 어부가 볼락 한 마리를 회 떠서 서비스로 내준다. 해녀는 큼직한 전복 하나를 통째로 잘라다 준다. "양식이 아니라 자연산이에요. 자연산." 자백을 받아내 준 보답이리라. 아, 이 정겨운 맛을 평생 어찌 잊을 것인가.

∞

욕지도는 아름다운 해변이 많지만 욕지도의 진면목은 해변에 있지 않

당신에게, 섬

다. 해변에 가면 섬의 일부만을 볼 수 있을 뿐이다. 욕지도만이 아니다. 어느 섬이든 섬을 온전히 보고 싶으면 섬의 산에 올라야 한다. 욕지도를 찾는 사람들은 주봉인 천왕산에 올라야 진짜 욕지도를 봤다 할 것이다. 가장 높다 하지만 정상에 오르는 데는 채 한 시간도 걸리지 않는다. 발길이 날렵한 사람은 30분만에도 오를 수 있다. 욕지도에는 천왕봉(392m)을 비롯해 대기봉(355m), 약과봉(315m), 일출봉(190m) 등의 여러 산이 있다. 산에는 등산로가 잘 나 있어서 등산객들의 발길이 끊이지 않는다. 산에 오르지 못할 형편이라면 혼곡마을 등산로 입구에서 노적, 통단마을까지 이어진 해변 트레일을 걷는 것도 좋다. 탁 트인 바다와 오솔길을 번갈아 걸을 수 있는 이 길은 여행자의 넋을 빼놓을 정도로 황홀하다. 특히 출렁다리를 건너 너럭 바위에서 보는 풍경은 그야말로 선경이다. 숨이 탁 멎을 정도다.

천왕봉은 옛날부터 섬사람들이 신성하게 여긴 산이다. 섬사람들은 산기슭의 제당에 천왕신을 모시고 제사를 지냈다. 동항마을 위 상수원 저수지 기슭에는 아직도 산신당이 있다. 천왕봉은 최근까지도 천황봉이라 불렸다. 본래 천왕봉이었는데 일제 때 천황봉으로 바뀌었다가 제 이름을 되찾은 것이다. 한국의 산 이름은 대부분 불교에서 유래했다. 천왕봉의 천왕은 사천왕의 그 천왕이다.

∞

섬 전체가 산악지형인 욕지도에는 아름다운 숲도 많다. 그중에서도 단연 손꼽히는 숲은 자부포의 모밀잣밤나무 군락지(천연기념물 343호)다.

우리나라 난대림에서 잣밤나무 숲이 이처럼 군락으로 살아남은 경우는 드물다. 그 귀한 잣밤나무들이 무리를 이루고 있으니 숲은 신령스럽기까지 하다. 면소재지 뒤안 제암마을에서 자부포 대풍바위까지 이어진 임도 또한 한적하고 아름답기 그지없다.

 욕지도는 논이 거의 없고 비탈 밭이 많다. 밭은 끈적한 찰황토가 아니라 물이 잘 빠지는 마사토에 가까운 황토밭이다. 그래서 고구마 농사가 잘 된다. 욕지 고구마는 해남 화산 고구마만큼이나 달고 맛있다. 넓적하게 잘라서 말린 고구마인 '빼떼기'로 끓인 빼떼기죽도 유명하다. 욕지도에서는 고구마를 '고메'라 하는데 욕지도 고메 막걸리는 고구마 케이크 속의 고구마 속살보다 더 달콤하다. 운이 좋으면 욕지도의 할머니가 집에서 직접 담근 고메 막걸리를 맛볼 수도 있다. 욕지항 선창가 붕어빵 수레에서 막걸리를 병에 담아 파신다. 진짜 섬의 전통 막걸리를 맛볼 수 있는 흔치않은 기회다.

 또 하나 욕지도의 명물은 밀감이다. 사람들은 제주도에서만 밀감이 나는 줄 알지만 남해안의 거의 모든 섬들에 밀감나무가 자란다. 욕지도의 밀감 재배는 '씨 없는 수박'으로 유명한 우장춘 박사가 토질을 조사한 후 1966년부터 시험재배하면서 시작됐다. 노지에서 나는 욕지도 밀감은 달고 새콤한 맛이 야생의 맛 그대로다. 한 번 맛을 본 사람은 그 맛을 잊지 못해 해마다 찾는다.

Travel Note

욕지도에서 일주 도로만 따라 관광을 하다 오는 것은 욕지도를 욕보이는 일이다. 섬의 반도 못 보고 오는 일이다. 욕지도의 정점은 산이다. 전체 등산로를 다 걷기 버겁다면 최소한 천왕봉만이라도 올라 봐야 한다. 크게 가파르지도 않다. 천왕봉 정상까지 천천히 걸어도 1시간이면 넉넉하다. 천왕봉에 오르면 꿈결처럼 한려수도의 환상이 눈앞에 펼쳐지는데 가슴이 턱 막힐 정도다. 또 하나 빼놓지 말아야 할 풍경은 출렁다리 건너 마당 바위에서 펼쳐지는 풍경이다. 압도적이다. 자부포의 모밀잣밤나무 군락지에 들르는 것도 잊지 말아야 한다.

죽음 곁에서도 삶은 따뜻하다

욕지도 관청마을
길은 뒷산 공동묘지 초입에서 끝나지만
사람은 죽음의 뒷마당에서도 삶의 앞뜰을 생각한다.

어떠한 삶도 양면이다.
슬픔의 뒷면은 기쁨이고, 상처의 뒷면은 치유다.
실연의 뒷면은 사랑이고, 절망의 뒷면은 희망이다.
어둠의 뒷면은 빛이다.
죽음 곁에서도 삶은 따뜻하다.

연꽃 속의 진주 같은 섬

연화도 | 경남 통영

당신에게, 섬

　연화도 선창가에서 노인 한 분이 주복 그물을 손질하고 계신다. 주복은 지금은 거의 사용하지 않는 어구인 정치망의 일종이다. 햇살이 따가운 가을 한낮. 노인은 작은 파라솔을 모자처럼 머리에 쓰셨다. 기발한 아이디어의 모자다. 그 모자 어디서 나셨는가 물으니 "인터넷에서 많이 팔아요" 하신다. 이 섬마을 노인도 인터넷으로 물품을 구매한다. 이 나라는 역시 인터넷 왕국이다! 연화도와 우도 사이 바다에는 가두리 양식장이 지천이다. 연화도 가두리에서는 주로 돔, 우럭, 농어, 능성어, 줄돔 등을 길렀는데 최근에는 고등어 양식장도 생겼다.

　노인은 연화도가 고향이지만 노인의 아버지는 통영시 산양읍 영운리가 고향이었다. 일제 강점기에는 연화도 뱃머리에 어업조합 공판장이 있었는데 노인의 아버지는 공판장 책임자로 연화도에 부임해 왔고 노인은 연화도에서 태어나 자랐다. 군 제대 후 다니던 회사가 망하자 배를 타기 시작했다. 외항선 기관사로 30

년 넘게 배를 탔다. 마지막 탔던 배는 1500톤짜리 화물선이었는데 중국과 일본을 오가면서 잡화를 실어날랐다. 섬에 다시 들어온 것은 노모가 치매에 걸린 뒤였다. 늙은 아들은 92세된 노모를 지금껏 지극하게 봉양한다.

  노인이 그물을 손질하고 있는 것은 자신을 위해서가 아니다. 양식장에서는 가끔씩 그물이 터져 기르던 물고기떼가 집단으로 탈출하는 일이 발생한다. 그러면 양식장 주인은 막대한 손해를 입고 파산하기도 한다. 노인은 그런 시련을 당하고 실의에 빠진 섬사람들을 더러 봐 왔다. 그러다 생각해 낸 것이 이 주복 그물 손질이다. 그렇다고 이익을 바라고 하는 일이 아니다. 다시 누군가의 양식장 그물이 터져 물고기가 탈출하는 일이 생기면 이 그물을 가져다 써서 손해를 다소나마 줄여보라는 뜻에서 아무 대가없이 손질해 두는 것이다. 노인은 물고기 떼가 빠져나갈 바닷길 양쪽에 이 그물을 치게 되면 탈출한 물고기들 일부는 건질 수 있으리라 생각한다. 양식장이 망하면 그 어민이 "어디 가서 직장생활도 못할 텐데"하는 안타까움에 그들에게 작은 도움이라도 주려는 것이다. 진정 보살의 마음이다.

∞

  연화도(蓮花島). '연화세계를 알고자 하거든 그 처음과 끝을 세존에게 물어보라(欲知蓮華藏頭尾問於世尊).' 부근의 섬 욕지도나 두미도처럼 연화도란 지명 또한 이 불경구절에서 따왔다. 부처님이 상주하는 연화세계가 이 섬이었던가. 옛 사람들이 꿈꾸던 유토피아, 연화세계란 대체 무엇일까? 헐벗고 굶주림이 없는 세계. 그것이 옛 사람들이 그토록 바라던 이상향이고 무릉도원이며, 산해경 속의 남류향이며, 지리산의 청학동이고, 태백산

의 오복동(五福洞)이고, 비로자나불이 계신다는 연화세계가 아니던가.

 오늘의 나는 어떤가? 나는 더 이상 밥 굶거나 헐벗지 않고, 추위에 떨지도 않는다. 그렇다면 나는 이미 연화세계에 살고 있는 것이 아닌가. 그런데 또 어디서 연화세계를 찾자고 길 떠나 헤매는 것일까. 이미 옛 사람들이 꿈에도 열망하던 그 세계에 살면서도 어째서 나는, 우리는 늘 결핍에 시달리는가. 진정으로 연화세계에 이르는 길은 무엇일까. 스스로 만족함을 아는 것일까. 하지만 만족이란 또 얼마나 어려운 경지인가. 모자람을 참는 일보다 더 어려운 것이 만족이 아닌가.

 연화도는 면적 3.41제곱킬로미터, 해안선 길이 약 12.5킬로미터의 섬이다. 선착장 부근에서 연화봉에 오른다. 산길은 완만하다. 초입만 약간 가파를 뿐 내내 평탄하다. 오롯이 바다와 섬들만 보며 걸을 수 있다. 연화봉 정상까지는 30분이면 도달 가능하다. 연화봉 정상에서 보이는 용머리 해안의 풍경은 통영 팔경의 하나답게 저절로 탄성이 일게 만든다. 용이 상상의 동물만이 아니라는 느낌이 불현듯 밀려온다. 꿈틀거리며 대양을 향해 나아가는 저런 풍경을 용이라 이름 하지 않으면 대체 다른 무엇으로 부를 수 있겠는가. 통영 팔경을 넘어 대한 팔경의 하나라 해도 손색이 없을 듯하다.

 연화봉 정상 부근에는 연화도인과 사명대사의 토굴 터가 있는데 연화도란 이름은 불교와 관련이 깊다. 연화도(蓮花島)의 지명 유래에 관해서는 두 가지 설이 있다. 하나는 섬의 모양이 연꽃처럼 생긴 데서 유래했다 한다. 또 하나는 연화도사의 전설에서 비롯되었다. 조선시대 연산군 시절 불교 탄압을 피해 서울 삼각산에 살던 연화도사가 세 명의 비구니와 함께 섬에 들어와 암자를 짓고 수도 생활을 했다. 세월이 흐른 뒤 연화도사가 열반에 들자 비구니들은 도사의 유언대로 바닷속에 장사지냈다. 바다에서는 연꽃이 피어났다. 연화 도사의 전설이야 전설이니 진위를 따질 것은 못 된다.

하지만 연화도사의 수도처에 후일 사명대사가 들어와 수도했다는 전설까지 있고 보면 섬이 불교와 인연이 깊은 것은 자명해 보인다. 연화도만이 아니다. 통영 앞 바다의 여러 섬들이 불교문화의 사정권에 있었던 듯하다. 유배자의 후손들이나 도망 노비, 관의 수탈에서 달아난 사람들이 섬에서 피난처를 찾은 것처럼 지배세력의 탄압을 피해 불교 수행자들이 찾아낸 피난처 중 하나가 이 남해 바다의 섬들이었을 것이다. 그들은 뭍에서는 이룰 수 없는 연화세계, 불국토의 꿈을 섬에서 이루고자 했던 것은 아닐까. 연화도와 욕지도, 두미도와 세존도, 미륵도 등 불교에서 비롯된 통영 바다 섬들의 이름은 그 꿈이 남긴 흔적이 아닐까.

연화봉 정상에 올라서 보면 연화도는 결코 연꽃 모양이 아니다. 섬은 동서로 길게 뻗어 있다. 연화도의 이름이 섬의 형상에서 유래하지 않은 것이 명확해진다. 그보다는 연화, 욕지, 두미, 상노대, 하노대, 갈도, 국도, 세존도, 미륵도, 연대도 등의 섬들이 둥그렇게 펼쳐져 그리는 모습이 흡사 연꽃 같다. 연화세계는 하나의 섬으로 이룰 수 있는 세계가 아닌 것이다. 넓은 바다에 펼쳐져 있는 크고 작은 섬들이 이루는 동심원(同心圓). 서로 의지하여 살 수밖에 없는 섬들 간의 연대 속에 연화세계는 연꽃처럼 피어오른 것이 아니었을까.

연화봉에서 시작된 연화도의 탐방로는 보덕암을 지나 동두마을까지 이어진다. 천천히 걸어도 2시간이면 충분하다. 동두에서 뱃머리로 돌아올 때는 도로를 따라 걸어오게 되는데 30분쯤 걸린다. 뱃머리 마을을 지나는 길에 마을 할머니들이 직접 담가서 파는 막걸리 한 잔은 나그네의 갈증을 채워주고도 남는다. 또 연화도는 욕지도처럼 고등어 양식의 메카다. 부둣가에서 달고 고소하고 쫄깃한 고등어회를 안주로 마시는 술 한 잔은 분명코 섬 여행의 백미다.

∞

사람이 섬으로 와서 얻을 수 있는 것은 무엇일까. 풍경일까. 휴식일까. 싱싱한 해산물들일까. 얻을 수 있다면 무엇 하나 소중하지 않은 것은 없다. 하지만 이들은 섬에 오는 누구나 어렵지 않게 얻을 수 있는 것들이지 오롯한 자신의 것은 아니다. 누구도 얻지 못하고 나만이 온전하게 얻어갈 수 있는 것은 오직 '한 생각'뿐이다. 새로운 '한 생각'을 얻는 일이야말로 오랫동안 나를 괴롭히던 '한 생각'을 떨칠 수 있는 지름길이다. 섬에서는 걷기가 그것을 가능케 한다. 자동차의 방해 없이 걸음에 몸 맡기고 온전히 걸을 때 생각은 자유를 얻는다. 애쓰지 않아도 자연히 한 생각이 오고 한 생각이 간다. 온전한 걷기란 단지 다리 근육의 운동만을 의미하지 않는다. 그것은 잠들어 있는 생각을 깨우고 사유의 폭을 확장시키는 정신의 운동이기도 하다.

Travel Note

연화도는 연화봉 정상으로 이어지는 트레일이 더없이 화려하다. 트레일을 걷고 부둣가로 돌아오면 대부분 횟집에 들러 한 순배씩 술잔을 돌리기 마련이다. 하지만 연화도의 진정한 맛은 할머니들이 집에서 직접 담그는 막걸리다. 마을 안길, 할머니들이 만든 막걸리 한 잔이면 모든 갈증이 싹 가시고도 남는다. 연화도 여행길에 시간이 되면 바로 건너 섬 우도로 가 봐야 한다. 두 시간 남짓 둘레길을 걷고 나서 받는 우도해초밥상은 섬 밥상의 황홀경이다.

달이 지고 난 섬에는

낙월도 | 전남 영광

"어둠을 저주하기보다는 단 한 자루의 촛불이라도 켜는 게 낫다."

—사티쉬 쿠마르

당신에게, 섬

낙월도는 두 개의 섬이다. 상하 낙월도. 옛날부터 두 섬은 썰물 때면 길이 생기고 물이 들면 길이 사라져 하나이면서 둘이었다. 지금은 두 섬 사이에 연도제가 놓여 온전한 하나가 되었다. 다리가 아니라 제방으로 연결한 것이 연도제다. 하지만 제방을 쌓은 뒤 낙월도 앞바다의 갯벌이 서서히 죽어간다. 제방이 해수의 유통을 막고 있기 때문이다. 낙월도는 길을 얻은 대신 갯벌을 잃었다. 연도제를 건너면 하낙월도다. 하낙월도가 상낙월도보다 더 아늑한 느낌이다.

하낙월도 마을 어귀쯤일까. 길가 집에서 아주머니 한 분이 박을 타서 바가지를 만들어 말리고 있다. 종일토록 바가지를 만드느라 많이 지치신 모양이다. 민박을 하면서 가게도 겸하는 집이다. 맥주 한 병만 달라했더니 밥까지 내오면서 어서 먹으란다.

"시장하겠소, 어서 자시오."

초라한 행색의 나그네가 배고파 보였던 것일까. 마침 점심을 걸러서 시장하던 참이다. 황석어젓과 김치, 매운탕까지 올라온 푸진 밥상. 보리와 녹두를 넣고 지은 밥이 달고도 고소하다. 젓갈을 올려 먹으니 한 그릇이 뚝딱이다. 게장뿐이냐. 젓갈도 밥도둑이다.

여자는 임자도가 고향이다.

"첨에 여기 와서 심란했어라. 큰 섬에 살다가 이 쪼막만한 데로 오니, 하늘 하고 땅 하고만 보여서 어찌나 답답했던지. 도망도 못 가고."

여자는 시집 와서도 부잣집 아들로 곱게만 자란 남편 때문에 고생이 심했다. 집안은 기울었어도 삶의 습관은 바뀌지 않았다. 생선 장사라도 해서 집안을 꾸리려 해도 부끄럽다고 장사를 못하게 했다.

"아저씨가 철이 없어갖고 장사를 못하게 해. 아무 것도 몰라. 돈 벌어야 되는지도 몰라. 건달이야. 나이 먹웅께 인자 사람 됐지."

그래도 가족들 부양하려니 장사를 다녔다. 어느 날은 머리에 생선 대야를 이고 가는데 배가 너무 고팠다. 그런데 어떤 집 마당, 개밥 그릇에 누룽지가 보였다. 허겁지겁 집어 먹었다.

"그놈 건저 묵는디 그렇게 맛날 수가 없었어."

그렇게 여자는 집안을 일으켜 세우고 여섯 남매를 키웠다. 그리고 이제는 삶의 여유가 생겨 지나가는 나그네들 붙들고 밥을 먹이는 것이 일이다.

"내가 고생하고 살아서 배고픈 설움을 알아. 나는 아무한테나 밥 먹으라고 해요. 여서 술 먹는 사람들은 다 내 밥 먹고 가. 내가 밥을 다 해줘."

보살이 따로 없다.

∞

마을을 돌아 나오는데 돌담가에 할머니 한 분 바다를 보고 앉아 있다. 누굴 기다리시는가.

아흔 한 살, 김윤덕 할머니.

"혼자 있어서 심심해서 나왔어. 어째 잘 안 죽어. 내 동갑짜리는 다 죽고. 내보다 젊은 아이들도 다 죽었는디."

노인은 서른셋에 혼자 돼서 평생을 홀로 살았다.

"놈들 같으면 존 사람 얻어갖고 몇 번을 시집갔을 텐디 늙도록 혼자 사요. 혼자되고 놈들이 시집가라고 그란디 아들 셋 때문에 혼자 살았소."

노인은 상낙월에서 태어나 하낙월로 시집와 평생을 섬에서만 살았다.

멀리서 빨간 오토바이 한 대가 다가온다. 분홍색 옷을 입은 사람이 타고 있다.

"저서 무슨 여자가 오나?"

노인은 호기심어린 눈으로 오토바이를 주시한다. 우편배달 오토바이다. 우체부는 할머니 곁을 휙 지나 골목으로 사라진다.

"나한테 온 줄 알았더니 그냥 가버리네."

노인은 섭섭한 듯 사라진 오토바이를 바라보다 이내 바다로 시선을 돌린다. 노인은 하염없이 바다만 바라본다. 그렇게 하염없이 한 세기가 지나갔다.

∞

낙월도의 옛 이름은 진달이섬이다. 낙월도는 새우의 고장이다. 진달이 사람들은 오랜 세월 전통 어선인 '멍텅구리 배'로 새우를 잡았다. 바지선처럼 다른 배가 끌어주어야만 움직일 수 있어서 멍텅구리라는 이름을 얻었던 무동력선. 그 배로 새우잡이를 할 때는 상하 낙월도 두 섬이 전국 새우젓 시장의 50%를 점유할 정도로 낙월도 앞바다는 그야말로 물 반 새우 반이었다.

면사무소 뒤편 구멍가게에서 조웅천 노인을 만났다. 노인은 낙월도 우체국장을 지냈고 평생을 섬에서 살아왔다. 과거 낙월도 새우젓이 명성을 얻은 데는 근처 염산면의 소금이 한몫을 했다. 염산면에서 나는 천일염과 낙월도의 질 좋은 새우가 결합되어 맛이 뛰어난 새우젓이 생산될 수 있었다. 낙월도는 일제 때부터 부자섬으로 이름 높았다. 그때는 일본인들이 낙월도에 거주하며 어업조합을 관리했다. 일본 상선들도 와서 새우를 사갔다.

"낙월서 난 니보시(삶아서 말린 새우)는 아지노모도란 일본 조미료 공장에서 수입해 갔어."

일제 때 이미 낙월도에서만 "동경 유학생이 여섯 명이나 나왔고 뱃사공 부인도 비로도 치마를 입고 다닐 정도"였다. 해방 후에도 낙월도는 여전히 부유한 섬이었다. 모두가 새우 덕이었다.

"낙월도에 전라도에서 세 번째 가는 갑부가 있었어. 김달선 씨라고. 새우잡이 배 선주였지. 돈을 가마니로 져 날랐다고 해. 아주 왕 노릇을 했었지."

낙월도에는 논이 전혀 없고 밭만 있다. 예전에는 밭에 거름으로 새우를 쓸 정도로 새우가 많이 잡혔다. 농사일은 전적으로 여자들 몫이었다.

"남자는 배에 다니다가 집에 오면 손님이었어."

∞

여객선이 오가는 낙월도와 영광군 염산면 향하도 사이 바다에는 100헥타르에 이르는 거대한 풀등이 있다. 밀물 때는 물에 잠기고 썰물 때면 모습을 드러내는 거대한 모래 평원. 송이도, 상낙월도, 하낙월도 등 영광군 낙월면의 바닷속은 온통 풀등 천지다. 바로 앞에 목적지를 두고도 직진하지 못하고 여객선이 먼 길을 우회하는 것은 그 때문이다.

낙월도 뱃길에 대각시도 소각시도 두 섬이 나란하다. 수심이 낮은 바다에는 한때 지주식 김 양식을 했던 흔적이 완연하다. 지금은 더 이상 김발을 하지 않지만 그때 세웠던 나무기둥들은 여전히 썩지 않고 서 있다. 대각시도와 소각시도는 바로 옆의 어떤 섬과 마주 보고 있다. 혹시 저 섬은 서방섬이 아닐까.

옛날 대각시도와 소각시도에는 암구렁이가 한 마리씩 살았다. 마주 선 섬에는 수컷 하나가 터를 잡았다. 구렁이들은 서로 만나러 다녔다. 섬사람들도 배를 타고 가다 헤엄치는 구렁이들을 자주 목격했다 한다. 그래서 두 섬의 이름이 대각시도, 소각시도가 됐다. 섬의 이름이 전설을 낳은 것인지 전설이 섬의 이름을 만든 것인지 나그네는 알 길이 없다. 하지만 죽은 듯 엎어져 있는 작은 섬에 생명을 불어넣는 것이 이야기의 힘이라는 사실만은 분명하다. 그러므로 나그네가 섬을 오가는 길은 그런 이야기들을 채집하러 가는 서사의 길이기도 하다.

Travel Note

여객선은 영광 향화도 선착장에서 출항한다. 상하 낙월도 두 개의 섬이 연도제로 연결되어 하나의 섬이나 마찬가지다. 요즘 어느 섬들이나 그렇듯이 10킬로미터 정도의 섬 둘레길이 조성되어 있어 트레킹하기도 좋다. 상하낙월도에 각기 하나씩 해수욕장이 있지만 여름휴가철에도 크게 붐비지 않는다. 허름하지만 민박집도 몇 곳이 있으니 조용히 쉬었다 오기 좋은 섬이다. 차도선이 다니지만 자동차는 가지고 들어가지 않는 것이 좋다. 도로가 길지 않기 때문이다.

CHAPTER 2

그 섬에 사랑이 있었네

하염없는 바다, 하염없는 사랑

박지도 | 전남 신안

기다림은 시간의 낭비가 아니라
기다리는 대상과 기다리는 마음을 소중하게 만드는 과정이다."

-이남호

박지도 마을을 지나 해안 길을 걷다보면 길은 어느새 섬의 초입이다. 박지도와 마주보고 있는 작은 섬은 반월도다. 신안 앞바다 많은 섬들이 그랬듯이 두 섬 사이에도 노두가 있었다. 노두는 바다의 갯벌에 놓인 징검다리다. 박지, 반월의 노두에 얽힌 전설은 애틋하다. 두 섬 사이의 노두를 사람들은 '중 노두'라 했다. 노두에는 남녀 두 스님에 얽힌 애틋한 사랑 이야기가 깃들어 있다.

옛날 박지도의 암자에는 젊은 비구 한 사람이, 반월도 암자에는 젊은 비구니 한 사람이 살고 있었다. 얼굴을 본 적이 없었지만 박지도 비구는 멀리서 아른거리는 자태만 보고 반월도의 비구니를 사모하게 됐다. 그러나 바다와 갯벌이 가로막아 오갈 수가 없었다. 달 밝은 밤이면 들리는 반월도 비구니의 목탁 소리에 사모의 정은 더욱 깊어졌다. 그러던 어느 날 박지도 비구는 망태에 돌을 담아 반월도 쪽을 향해 갯벌에 부어나가기 시작했다.

그렇게 몇 년의 시간이 지났다. 이제 반월도 비구니도 광주리에 담은 돌을 머리에 이고 박지도 쪽을 향해 부어나가기 시작했다. 그렇게 또 오랜 시간이 흘렀다. 두 사람은 어느새 중년이 되었고 마침내 두 돌무더기 길은 서로 만났다. 두 사람은 손을 잡고 하염없는 눈물을 흘렸다. 그 사이 들물 때가 되었고 바닷물이 불어나기 시작했으나 두 사람은 움직일 줄을 몰랐다. 마침내 둘은 서로를 부여안고 물속으로 사라져 버렸다. 썰물이 되자 돌무더기 길만 남았다.

수도자이기 전에 인간이었던 두 스님. 두 남녀의 그리움이 놓은 징검다리 노두. 어렵사리 만난 남녀는 어째서 거센 물살에 몸을 던졌던 것일까.

물거품 같은 사랑이 두려워 그들은 물거품처럼 사라져 버린 것은 혹시 아닐까. 오늘 박지 반월 사이 바다는 하염없다. 사랑도 하염없고 슬픔도 하염없다.

∞

박쥐인 줄 알았다. 처음 박지도란 이름을 들었을 때는. 언뜻 박쥐처럼 들리지만 박지란 이름은 박쥐와는 전혀 무관하다. 섬이 바가지처럼 생겼다 해서 배기섬 혹은 바기섬이라 하다가 박지가 됐다고 한다. 박지도는 또 백일도(白一島)라고도 했었는데 하루 온종일 해가 드는 밝은 마을이라 백일이라고도 했다고 한다. 완도의 백일도 또한 같은 뜻에서 붙여진 이름이다. 박지든 백일이든 섬은 그 이름값을 하기에 충분할 정도로 밝다. 마을에서 해가 떠서 해가 지는 모습을 모두 볼 수 있으니 복 받은 섬이다.

그래서일까 박지도로 들어가는 다리의 이름도 천사의 다리다. 박지도는 안좌도 두리마을과 인도교로 연결되어 있다. 자동차는 다닐 수 없는 진정한 사람의 다리. 박지도와 건너섬 반월도까지도 인도교로 이어지는데 이 다리들의 이름이 '천사의 다리'다. 사람의 다리에 천사의 다리란 이름을 붙인 것은 얼마나 뜻깊은 일인가. 사람이 사는 세계에서는 사람이 곧 천사고 악마다. 천사로 살면 천사가 되고 악마로 살면 악마가 된다. 이 다리 위에서는 누구나 잠시 천사가 될 수 있다. 천사의 다리에서 누가 천사의 마음이 되지 않을 수 있을까. 오늘 바다는 더없이 잔잔하고 평화롭다. 천사의 다리를 건너 박지도 해안 길을 걷는다. 박지도를 한 바퀴 도는 둘레길이다. 섬은 전체 둘레가 4킬로미터에 불과할 정도로 아담하다.

박지도 뒤안 어느 길가에 길게 누운 바위는 기둥 같기도 하고 조각품 같기도 하다. 누군가 일으켜 세우려다만 미륵일까. 일으켜 세우기만 하면 그대로 미륵불이 될 듯도 하다. 나 또한 일으켜 세워보고 싶은 마음이 굴뚝같지만 서원도 부족하고 정성도 부족하고, 기도도 부족한 나는 결코 미륵을 일으켜 세울 수가 없다. 그러니 그대로 누워 계시라 미륵이여. 57억 년 뒤에야 오신다는 그대. 57억년 뒤의 약속이란 지키지 않겠다는 약속과 같다. 헛된 기대로 시간을 탕진하기에 인간의 삶은 너무도 짧다. 나는 그저 내 다리로 세상의 길을 가련다.

섬이지만 박지도는 어업이 없고 농사가 주업이다. 지금은 묵히고 있으나 예전에는 산꼭대기까지도 논이 있었다. 물이 좋았기 때문이다. 섬에 어업을 하는 사람이 없는 것은 섬이 바가지가 엎어진 모양인데 이는 배가 엎어진 모양으로 여겨지기도 했다. 배가 엎어진 모양의 섬은 배 사업을 하면 성공할 수 없다는 속설이 있었던 것이다. 유감 주술이다. 바닷가 사람들이 생선 배를 뒤집어 먹지 않는 것도 같다. 비슷한 것끼리는 감응한다는 유감 주술. 이 주술이 섬 사람들의 의식을 지배해 어업보다 농업에 종사하게 만들었다.

∞

농사가 주업이었던 섬답게 박지도 마을 뒷면 갯벌에는 이 땅 어느 곳에서도 찾아보기 힘든 소중한 농업유산이 남아 있다. 섬 여행자들이 놓치지 말고 꼭 찾아봐야 할 곳이다. 언뜻 보면 원시어로 중 하나인 독살의 흔적 같지만 이 유적은 '원안의 논'이 허물어진 흔적이다. 이 논은 마을의 뒤꼍

에 있어서 뒷면의 논이라고도 하는데 400여 년 전 박지도 사람들이 둑을 쌓아 만든 간척지 논이었다. 하지만 뒷면의 논은 오랫동안 농사를 짓지 않다 보니 바닷물이 들어와서 둑이 허물어지고 다시 갯벌이 되었다. 독살처럼 보이는 돌담은 그 둑의 일부였다. 조금씩 균열이 가던 둑이 바닷물의 압력에 버티지 못하고 아주 터져 버린 것은 20여 년 전이다.

논농사를 지을 때는 사람들이 해마다 둑을 보수하고 관리했다. 마을 사람들이 뻘 흙을 퍼다 터진 곳을 '땜빵'했다. 하지만 더 이상 사람이 관리하지 않자 둑이 터지고 만 것이다. 원안의 논은 섬의 농업유산이고 갯벌 문화다. 사람이 갯벌을 빼앗아 논을 만들자 바다는 갯벌을 되찾으려고 끊임없이 싸움을 걸었고 방조제에 구멍을 내서 마침내 갯벌을 되찾아간 것이다. 사람에 대한 자연의 승리. 원안의 논은 갯벌이 논이 되고 논이 다시 갯벌이 되는 생태 순환의 산 증거물이다.

박지도 경로당에 들러 커피 한 잔을 얻어 마셨다. 경로당에 모여 놀던 노인들은 이구동성으로 박지도의 인심이 어느 섬보다 좋았고 지금도 좋다고들 자랑한다. 박지도 사람들의 심성이 어느 섬보다 순하고 말도 순하단다. 심성이 좋았으니 한국전쟁 때는 피난민들에게 집을 지어주고 식량까지 공급해서 먹여 살렸다. 섬은 오래 전부터 부촌이었다. 돈벌이가 많아서가 아니라 살림을 잘해서 부촌이 됐다. 박지 사람들은 농협에 빚진 사람이 하나도 없다 한다. 오히려 돈을 빌려주고 산다. 농사가 더 이상 돈이 되지 못하는 세상이다. 농사지어서 얼마나 큰 재산들을 모았겠는가. 그저 모든 것을 아끼고 또 아낀 결과다. 큰 돈을 벌어서 부자가 아니라 빚이 없이 알뜰하고 자족하며 살아가니 부자들인 것이다.

지금은 더 이상 당제를 모시지 않지만 박지도에서도 예전에는 당제를 크게 모셨다. 마을의 신전인 당집은 산 정상에 있다. 인근에서도 박지당은 유명했다. 해마다 정월 당제를 모실 때가 오면 마을에서는 흠결 없이 깨끗한 송아지 한 마리를 사다가 열흘간 잘 먹여 살을 찌웠다. 정월 열 나흗날 당이 있는 산 정상까지 끌고 갔다. 이상하게도 송아지는 순하게 잘 따라 갔고 당 앞에서 딱 멈춰 섰다. 제관은 옹달샘에서 목욕재계를 하고 송아지를 잡아 바쳤다. 또 백설기 떡을 하고 밥을 지어 제단에 올렸다.

섬에 53가구가 살 때 당제가 끝나면 제주는 송아지를 53덩이로 균등하게 잘랐다. 제관은 자른 송아지 고기를 지게에 지고 마을로 내려왔다. 그리고는 마을사람들의 쉼터인 멀구슬나무 아래 지게를 받쳐 놓았다. 그러면 마을 사람들이 와서 자기 몫의 송아지고기를 한 덩이씩 가져갔다. 하지만 개중에 제사 고기 먹는 것이 꺼림칙한 사람은 안 가져갔다. 임산부가 있는 집도 안 가져갔다. 머리와 내장 등 부속물은 제주가 큰 가마솥에다 잔뜩 국을 끓여서 마을 사람들과 나누어 먹었다. 백설기 떡도 잘라서 나눠먹었는데 그러면 부스럼이 안 난다는 믿음이 있었다. 백설기가 부럼 역할을 했던 셈이다.

Travel Note

안좌도에서 시작된 천사의 다리는 박지도를 지나 반월도까지 이어진다. 박지도 당산과 둘레길을 걸은 다음에는 반월도 당산과 반월마을까지 걸어보는 것도 좋다. 노두로 연결된 반월도 당산 건너 무인도 청섬에도 다녀올 수 있다. 반월도 또한 섬을 일주할 수 있는 둘레길이 있다. 두 섬의 둘레를 다 돌아도 서너 시간이면 충분하다. 그래도 시간과 힘이 남는다면 반월도 어깨산 정상까지 올라보는 것도 좋다. 하지만 어깨산은 제법 가파른 편이다.

율도국으로 가는 배

위도 전북 부안

　1985년 여름, 서울 영등포역 앞에서 젊은 사내 하나가 음독을 했다. 사내는 유서를 남겼고 얼마 뒤 서해의 섬 마을에 사내 둘이 나타났다. 위도 파장금, 사내들은 부둣가를 어슬렁거리다가 다방으로 들어가 자리를 잡았다. 오후 다섯 시쯤이나 됐을까. 한복을 곱게 차려입은 젊은 여자들 몇이 부둣가로 나왔다. 진한 화장을 한 여자들은 부둣가 술집의 작부들이었다. 손님을 끌기 위해 나왔으나 부둣가에는 손님이 없었다. 여자들은 흩어져서 다방으로 들어갔다. 차를 마시고 있는 손님들을 꼬여낼 참이었다. 마침 커피를 마시는 사내 둘을 만났다. 허름한 차림이 선원들 같았다. 처음 보는 얼굴이니 아마도 고깃배를 타러 위도에 온 모양이었다. 수작이 오가고 사내들은 작부를 따라나섰다. 술집은 색싯집이었다.

　사내들은 아가씨 둘을 옆에 끼고 술을 마셨다. 술을 잘 못하는지 사내들은 많이 마시지 않았다. 오히려 아가씨들이 먼저 취하고 말았다. 사내들은 아가씨들의 사연을 물었다. 한 아가씨는 미자, 또 한 아가씨는 정숙이라 했다. 아가씨들은 고향은 달랐으나 사연은 비슷했다. 중학교를 겨우 졸업하고 미자는 상경해서 공장을 다녔다. 정숙이는 식모살이를 했다. 공원

과 식모일로는 병든 부모 병원비랑 어린 동생들 학비 마련이 어려웠다. 처음에는 찻집 종업원으로, 다방 레지로 일하다 술집으로 흘러들었다. 하지만 돈은 벌리지 않고 갈수록 빚만 늘어났다. 그러다 결국 빚 때문에 이 외딴 섬까지 팔려 왔다. 그러나 여기서도 빚은 줄지 않았다. 둘 다 몇 백만 원의 빚이 있었다. 빚 때문에 섬을 떠나고 싶어도 떠날 수 없었다.

다음 날 사내들은 섬을 떠났다. 그로부터 며칠 후 파장금 마을에 수십 명의 경찰병력이 들이닥쳤다. 경비정을 타고 온 경찰들은 열 몇 곳이나 되는 술집들마다 입구를 차단하고 포주들과 아가씨들을 조사했다. 밤 12시쯤 경찰은 포주들과 아가씨 70여 명을 경비정에 싣고 뭍으로 나갔다. 포주들은 경찰서로 잡아가고 아가씨들에게는 모두 3만 원씩의 여비를 줘서 집으로 돌려보냈다. 며칠 전 위도 파장금을 찾아왔던 사내 둘은 서울의 신문사 기자들이었다. 경찰출입기자였던 두 사람은 영등포역 앞에서 자살한 사내의 유서를 보고 위도를 잠입취재를 하러 갔었다. 섬으로 팔려간 작부들의 절박한 이야기가 신문에 보도되자 경찰이 작전에 나선 것이었다.

영등포역 앞에서 사내는 왜 음독을 했던 것일까. 유서에는 그 사연이 적혀 있었다. 사내는 선원이었다. 파시철 위도를 찾았던 사내는 위도의 색싯집을 단골로 들락거렸고 거기서 한 색시와 눈이 맞았다. 사내는 여자를 깊이 사랑했다. 하지만 여자는 진 빚이 많았다. 포주들은 화장품이나 의상비 등의 명목으로 아가씨가 빚을 지게 만들었다. 손님이 없을 때는 밭도 매고 나무도 해오게 하며 노예처럼 부렸다.

사내도 돈이 없었다. 사내는 여자의 빚을 갚아주기 위해 서울 사는 형제들에게 돈을 빌리러 갔다. 그러나 거절당했다. 여자를 빼낼 방법이 없어지자 사내는 절망에 빠졌다. 술을 마시고 사내는 유서를 썼다. 여자의 억울함을 호소하고 구해 달라고 하소연했다. 마침내 사내는 극약을 마시고 생을 마쳤다. 사내는 사랑을 이루지는 못했지만 목숨을 던져서 사랑하는 여자를 구해냈다. 그 후 위도 파장금에는 색싯집들이 사라졌고 정박하려던 어선들도 색싯집이 없는 것을 알고 뱃머리를 돌렸다. 차츰 파장금항도 쇠락의 길로 접어들었다. 이제 파장금에는 단 한 곳의 유흥업소도 없다. 하지만 파장금 마을 뒷골목에는 당시의 흔적들이 고스란히 남아 있다. 그 사내와 그 색시가 만나던 술집은 어디였을까. 파장금항 낡은 골목을 걸으면 우리는 모두가 아득한 시간여행자가 될 것이다.

∞

여행길에서 나는 무수히 많은 다리를 건넜지만 가장 잊을 수 없는 다리는 시름교다. 시름교는 부안군 위도의 시름마을 뒤에 있는 절벽과 절벽을 연결하는 철교다. 시름마을의 유래야 따로 있겠지만 나는 시름을 근심과 같은 뜻의 시름으로 읽고 싶다. 절벽과 절벽을 잇는 다리의 이름으로 시름교는 참으로 적절한 작명이다. 시름교를 놓은 이유는 무엇일까. 시름을 더 하라고 놓치는 않았을 것이다. 시름을 잊으라고 놓지 않았겠는가. 시름이 없는 삶이 어디 있을까. 세상은 온통 시름의 바다다.

절벽 앞에서 시름하고 있어본들 무슨 소용이랴. 절벽을 건너 버리면 될 것을. 다리가 무너질 것을 시름하는 일은 부질없다. 인생의 절벽을 건너라고, 시름을 건너라고 있는 다리가 시름교가 아닌가. 절벽을 건너 길을 가다 보면 다른 절벽이 또 앞을 가로막을 것이다. 그때는 다시 한 번 더 시

당신에게, 섬

름교를 건너면 된다. 불교에서는 인생을 고해라 한다. 고통의 바다, 시름의 바다란 뜻이다. 인생의 시름을 건너는 데는 수많은 교량들이 있겠지만 여행보다 좋은 다리는 없다고 나그네는 믿는다. 시름교를 건너보고 싶은가. 위도로 가라.

∞

전라북도 부안군 위도면의 본섬. 위도(蝟島)는 생긴 모양이 고슴도치와 닮았다고 해서 '고슴도치 위(蝟)'자를 붙여 위도라 했다고 전해진다. 위도의 관문 파장금은 고슴도치의 입에 해당한다. 위도 사람들은 풍요로운 섬이었던 위도가 가난한 섬이 된 것은 파장금항 앞에 방파제를 막았기 때문이라 생각한다. 재물이 들어오는 입을 막아버렸으니 돈이 안 들어온다는 것이다. 위도는 조기의 황금어장이었던 칠산 바다의 중심 섬이었다. 1960년대 말까지만 해도 봄철 조기 파시가 열리면 위도에는 수천 척의 배들이 몰려와 성황을 이루었고 위도는 돈벼락을 맞을 정도로 융성했다. 파시가 사라지고 칠산 바다에 조기의 씨가 마르면서 위도는 한적한 섬이 돼 버렸다.

위도 파장금 바로 건너에는 식도라는 섬이 있다. 고슴도치 입인 파장금 앞에 있어서 고슴도치의 밥이다. 그래서 이름도 밥섬, 식도. 지금은 식도의 경기가 더 좋다. 큰 어선들이 많아 어업 활동이 활발하다. 위도 주민들은 이 또한 방파제로 입을 막아버린 때문이라 풀이한다. 고슴도치가 밥을 못 먹으니 식도에는 밥(재물)이 쌓인다는 것이다. 파장금 마을 방파제 끝에서 산길을 오른다. 파장봉으로 가는 길은 아늑한 숲길이다. 아담한 뒷동산이니 오르는 길도 평탄하다. 파장봉에서 망월봉으로 가려면 다리를 건너야 한다. 두 산 사이에 도로가 뚫리면서 길이 끊긴 탓이다. 이 다리가 바로 시름교다.

∞

　위도의 조기 파시는 흑산도 파시, 연평도 파시와 함께 서해의 3대 파시 중 하나였다. 이때는 조기떼를 쫓아온 수천 척의 조기잡이배가 위도 앞바다를 가득 채웠고 파장금항에는 파시가 섰다. 모래밭에 가건물들이 들어섰다. 가건물들에는 선구점, 이발소, 다방, 세탁소, 의상실, 식당, 술집 등 수많은 임시 상점들이 문을 열었다. 파시 때는 술집 색시들만 400여 명이 넘은 적도 있었다. 술집과 상점 등으로 한철을 보내고 사람들이 빠져나가면 겨울 파도에 집들이 다 무너져 내렸다. 하지만 봄이 오면 사람들은 제비처럼 다시 집을 지었고 어선들이 몰려들어 새로운 파시가 섰다. 바람이라도 불어 파도가 거세조업을 할 수 없는 날이면 파장금은 선원들로 떠들썩해지고 술집마다 돈이 돌았다.
　1960년대 말 칠산어장을 비롯한 서해안에서 조기가 자취를 감추고 조기 파시는 끝났다. 조기가 사라진 뒤에도 위도에서는 다른 파시가 계속됐다. 고등어, 삼치, 아지, 병어 등의 어장이 형성됐다. 1970년대 이후에는 가건물 대신 파장금 마을에 시멘트 건물이 들어섰다. 외지에서 온 장사치들은 파시 때마다 건물을 임대해 한철 장사를 한 뒤 떠났다 돌아오기를 반복했다. 나중에는 섬 주민 중에서도 술집을 열고 붙박이로 장사를 하는 사람도 생겨났다. 이때는 파시의 규모가 작아졌다. 그래도 파시 때면 삼사백 척의 어선이 몰려오고 선원들도 천 명 이상이 북적거렸다. 그러다 보니 사건사고도 많았다.

∞

위도는 허균의 소설 홍길동전의 모티브가 됐던 섬으로 알려졌다. 허균과 부안의 인연이 각별한 때문이다. 물론 홍길동이 세운 율도국이 오늘날의 오키나와 일대인 유구국을 모델로 삼았을 것이라는 주장도 있다. 그럴 가능성도 크다. 허균은 〈수호지〉에서 영감을 받아 〈홍길동전〉을 썼고 〈수호지〉의 마지막 장에는 관군의 토벌에도 살아남은 양산박의 도적들 일부가 배를 타고 유구로 가서 나라를 세우는 것으로 나온다. 그러니 허균이 유구국을 모델로 율도국을 창안했을 수도 있다.

하지만 현실의 허균은 아득히 먼 유구가 아니라 변산에서 바라다보이는 위도라는 섬에서 영감을 받아 차별이 없는 이상국가 건설을 꿈꾸었을 가능성이 더 크지 않았겠는가. 그가 혁명을 꿈꾸며 동지들을 불러 모으고 거사를 도모하던 곳이 부안 땅 아니었던가. 허균이 세우고자 했던 율도국은 단지 섬나라가 아닐 것이다. 그래서 율도국의 모델이 유구냐 위도냐를 따지는 논의는 부질없다.

당신에게, 섬

　또 〈홍길동전〉의 홍길동이 실존 인물이었느냐 아니냐를 따지는 것도 부질없다. 허균이 〈홍길동전〉에서 꿈꾸던 이상향은 새로운 조선이었고 홍길동은 다름 아닌 허균 자신이었기 때문이다. 소설 속 홍길동과는 달리 혁명을 꿈꾸던 허균은 끝내 형장의 이슬로 사라졌다. 허균도 가고 허균의 벗이었던 부안의 기생 시인 매창도 가고 홍길동도 갔으나 허균이 바라보며 이상향을 꿈꾸었던 위도는 아직도 남아 있다. 오늘 나그네는 위도로 간다. 허균의 못다 이룬 꿈을 찾아 율도국으로 간다.

Travel Note

위도에는 아름다운 해변들이 많다. 벌금의 위도 해수욕장과 깊은금, 논금 해수욕장은 호젓하기 그지없다. 이들 해변에는 여름철이면 피서객들이 많이 찾는다. 하지만 파시의 흔적이 있는 파장금항은 여객선을 타면서 그냥 지나치기 쉽다. 하지만 위도 여행길에는 꼭 파장금항의 뒷골목을 찾아봐야 한다. 거기 낡고 영락한 골목의 애틋함이 있다. 영화를 누리다 몰락한 골목. 거기 인생의 깊은 뜻이 서려 있다.

죽음으로 함께 한 말과 소녀의 우정

개도 | 전남 여수

　일본의 노벨상 수상작가 오에 겐자부로는 그의 책 〈나의 나무 아래서〉를 통해 이런 이야기를 들려준다. 마을의 숲에는 사람들마다 '나의 나무'가 있는데 사람이 죽으면 그 혼은 뿌리를 통해 모두 '나의 나무'에게로 돌아간다고. 하늘과 땅 지하, 삼계에 걸쳐 있는 까닭에 나무는 신화의 세계에서 자주 신목, 우주목으로 등장한다. 사람의 혼이 나무의 뿌리 통해 나의 나무에게로 돌아간다는 것은 만물의 근원인 우주로 돌아간다는 뜻이다. 사람의 혼이 깃들어 있고 사람을 우주와 연결시켜 주는 나무, 어느 하나 소중하지 않은 나무가 있을까.

　초봄, 개도 화산마을 정자나무에 새순이 돋고 있다. 400년 고목, 정자나무는 느티나무다. 이제 여름이 오면 저 나무 그늘 아래 모여 마을 사람들은 더위를 식히고 정담을 나눌 것이다. 우리 산야에 흔한 정자나무처럼 보이지만 저 느티나무는 애절한 전설의 나무다. 저 나무에도 혼이 깃들어 있다. 나무의 이름은 마녀목. 마녀의 나무란 뜻이 아니다. 말과 소녀의 우정, 그 애틋한 삶과 죽음의 사연이 깃든 나무라서 붙여진 이름이다.

　조선시대 개도를 비롯한 백야도, 제도, 낭도 등 여수의 섬들은 말을 기르는 국영 목장이기도 했다. 말들은 자주 원인 모를 질병에 걸려 죽거나 잘 자라지 않았다. 그래서 말을 기르던 사육사들은 개도 천제봉 제단에 철마상과 목마상을 모시고 제를 드렸다. 병마로부터 말을 보호해 주고 무탈하게 잘 자라게 해 달라고 간절히 기원했다. 이 사육사 중 이돌수에게 무남독녀 외딸 복녀란 소녀가 있었다. 14살, 어린 복녀는 아버지를 도와 말들을 관리하고 제를 드리는 데도 정성을 다했다. 말들은 병들지 않고 잘 자라났다. 말들 중에 검은 점박이 백마 한 마리가 있었다. 이 말이 유독 복녀를 잘 따랐다.

그러던 어느 날 점박이 백마가 바위에 부딪쳐 앞다리를 다쳤다. 뼈에 금이 갔는지 절룩이며 풀도 먹지 않았다. 복녀 부녀의 근심이 컸다. 이돌수는 차도가 없어 보이자 감목관에게 보고하고 폐마하려 했다. 폐마란 말을 죽인다는 뜻이다. 복녀는 폐마를 반대하며 자신이 치료해 살리겠다고 울며 아비에게 애원했다. 아비는 다리가 생명인 말이 다리를 다쳤으니 나을 수 없다고 판단했다. 상관에게 보고하지 않았다. 문책을 당할 것이 염려스러웠지만 딸의 간청을 모질게 뿌리칠 수 없었다. 열흘간 말미를 주기로 했다.

당신에게, 섬

복녀는 왕대나무의 속을 파 부목으로 만들어 백마의 다리를 고정시키고 잠도 자지 않은 채 지극정성으로 돌봤다. 백마는 3일이 지나자 풀을 먹기 시작하며 눈물을 흘렸다. 복녀에게 고마움을 표시한 것이다. 복녀는 백마와 함께 자면서 약이 되는 풀을 먹였다. 일주일째 부목을 풀었고 열흘이 되자 백마의 부상은 씻은 듯이 나았다. 백마는 더욱 건강하고 활기차졌고 복녀는 백마의 목을 안고 울었다. 아비도 마냥 기뻤다. 백마도 기뻐서 울었다. 그 후 백마는 더욱 복녀를 따르며 좋아했고 둘은 정이 깊어졌다.

한 달 후 장군이 탈 말을 고르려 감목관이 섬으로 왔다. 그런데 점박이 백마와 진갈색 말이 뽑혔다. 이돌수와 복녀가 울며 간청해도 감목관은 매정하게 백마를 몰고 가 버렸다. 그 이별하는 장면은 말할 수 없이 슬펐다. 하늘도 울고 땅도 울었다. 복녀는 식음을 전폐하고 울다 병이 났다. 병은 나날이 깊어져 갔다. 그렇게 다섯 달이 지났다. 복녀는 피골이 상접했다.

그러던 어느 날 복녀는 불현듯 무슨 생각이 들었던지 겨우 몸을 추스르고 목장의 마구간으로 갔다. 그런데 거기 그토록 그리던 점박이 백마가 안장을 찬 채 상처투성이로 서 있었다. 복녀 부녀는 백마를 끌어안고 울었다. 그런데 아비가 말 먹일 풀을 뜯으러 갔다 돌아와 보니 복녀와 백마 둘 다 지쳐서 죽어 있었다.

차출되어 갔던 백마는 진중을 탈출한 뒤 여러 달 동안 산 넘고 강과 들을 건너고 다시 바다를 헤엄쳐 개도까지 왔다. 그 사이 상처가 나고 피로가 쌓여 목장에 돌아왔을 때는 죽기 일보직전이었다. 백마와 복녀는 기쁨에 겨워 떨어질 줄 모르다가 끝내 부둥켜안고 지쳐 쓰러져 숨을 거두어버렸던 것이다. 아비 이돌수는 마을 사람들과 함께 빈 터에 백마와 딸을 나란히 장사 지낸 뒤 느티나무 한 그루를 심었다. 그 후 사람들은 이 느티나무를 마녀목이라 불렀다. 오늘의 개도 정자나무다.

∞

마을 입구에서 나그네는 잠시 가던 길을 멈춘다. 어찌 술꾼이 양조장을 그저 지날까. 개도 주조장. 나그네는 진즉부터 개도 막걸리의 명성을 들었다. 막걸리 바람을 타고 외딴 섬마을 개도 막걸리의 명성이 여수는 물론 서울까지도 퍼져나갔던 터다. 맛있는 막걸리라면 천리 길을 마다않고 찾아가는 것이 나그네다.

양조장 문이 닫혔다. 그 옆 방앗간 건물에서 어르신 한 분이 나온다. 양조장 주인이시냐 물으니 "양조장 일꾼이요." 하신다. 소문을 듣고 왔다하니 손을 젓는다.

"소문은 많이 났는데 안 팔려요. 그래서 부에가 나 죽겠어요. 이런 데는 소주 마시고 그러니 안 팔려요."

술은 이삼일에 한 번씩 출하된다. 이십 병 들이 상자로 한 번에 이삼십 박스씩 나가는데 대부분이 뭍으로 간다. 개도에서는 잘해야 일주일에 한두 박스 팔릴 뿐이다. 여수는 물론 전주 막걸리 골목이나 서울까지도 간다. 이분이 사장님이다.

"어째서 직원이라고 하셨어요. 사장님이면서."

"혼자 한디 사장은 뭔 사장이요. 직원도 없는디."

막걸리 만드는 일은 주조장 주인장 내외 두 분이 한다.

주인장 눈매가 참 선하시다. 주인장은 직접 밀농사를 지어서 밀 누룩을 빚고 쌀농사 지어서 주정을 삼는다. 하지만 개도 주변 섬이나 여수 사람들은 소주에 입맛이 길들여져 좀체로 막걸리를 마시지 않는다.

"소문나기는 잘 된 걸로 아는데요. 잘 안 먹어요. 여수 사람들도 약하네, 어차네 함시로. 소주 먹은 입맛이라."

섬사람들이 안 마셔주는 것이 못내 아쉽다.

"여그서 다소간 하루 몇 말씩만 팔아줘도 되는디. 겨울철은 춥다고 안 나가고. 뜨거면 시다고 안 팔리고. 안 팔려서 미쳐 죽겠어."

주인장이 양조장을 운영하신지는 30년이 조금 못된다. 다른 이가 하던 양조장을 인수했다. 전 주인이 할 때는 인부도 두셋 두고 했는데 주인장이 인수한 뒤로는 내내 두 내외가 운영해 왔다. 막걸리를 많이 안 마시게 된 풍토 탓이었다. 섬사람들이 모두 독한 소주에 입맛이 길들여져 바꾸기가 쉽지 않다. 뭍에서야 막걸리 열풍이 한창이지만 섬사람들의 입맛은 변할 기미가 보이지 않는다.

주인장이 오늘 병에 담은 막걸리 한 잔을 따라 준다. 담백하고 맑다. 그런데 좀 달다. 유통 과정에서의 발효를 고려해 양조장에서는 덜 익은 막걸리를 병에 담아 출하한다. 제맛을 내려면 며칠간 더 숙성이 돼야겠다. 누룩의 잡내도 없고 깔끔하다. 제대로 익으면 아주 맛있겠다.

"여그 사람들도 요새는 술도 잘 안 묵어요. 고령자들만 있고 그래서. 농사도 안 짓고 그러니까. 농사짓는 농준디."

주인장은 개도 사람들이 막걸리를 안 알아주는 것이 못내 섭섭하다.

나그네는 마을 슈퍼에서 개도 막걸리를 두 병 샀다. 민박집에서 저녁을 먹으면서 마셨다. 하지만 한 병을 채 비우지 못했다. 너무 달다. 이것도 아직 숙성이 덜 된 것이다. 양조장에서 받아온 막걸리를 슈퍼에서 바로 냉장 보관을 하니 숙성되지 않는 것이다. 밖에다 내놓고 며칠 숙성된 다음 냉장보관 했으면 좋았을 것을. 주민들이 잘 찾지 않는 이유를 알 것 같다. 숙성되지 않은 막걸리는 달기만하다. 숙성돼야 진짜 막걸리다. 어디 막걸리뿐일까. 사람 또한 적당히 숙성돼야 제맛이 난다.

Travel Note

개도에도 둘레길이 있지만 개도를 제대로 보려면 여석에서 봉화산을 거쳐 천제봉(328.5m)에 이르는 산길 트레킹을 해봐야 한다. 가끔씩 가파른 길도 있으나 대부분은 평탄한 능선 길이다. 점점이 수놓인 다도해 섬들은 한 폭의 동양화를 방불케 한다. 개도에서 또 하나 놓치지 말아야 할 것은 개도 막걸리다. 산세가 좋아 물이 좋은 개도막걸리는 전국의 막걸리 마니아들이 즐겨 찾는 명물이다.

피리 부는 소년을 사랑한 여신

흑산도 | 전남 신안

옛날 어느 해 옹기장수의 배가 흑산도에 입항했다. 옹기 배에는 네 사람의 선원과 얼굴 고운 소년 하나가 타고 있었다. 옹기 배는 진리 처녀당 아래 부둣가에 정박했다. 선원들이 옹기를 지고 마을로 들어가자 소년은 당 앞 소나무에 올라앉아 피리를 불었다. 마을 사람들은 모두 소년의 피리 소리에 홀린 듯 넋을 잃었다. 진리 처녀당에 거처하는 처녀신도 소년의 피리 소리에 매혹당하고 말았다. 피리 부는 소년을 사랑하게 된 처녀 신.

여러 날이 지난 뒤 옹기를 다 판 선원들이 출항하기 위해 돛을 올리자 잔잔하던 바다에 파도가 거세지고 역풍이 불어 배가 떠날 수 없었다. 선원들이 배에서 내리자 바다는 다시 잠잠해졌다. 그러기를 여러 날 반복했다. 선원들은 이유를 알기 위해 마을의 무녀를 찾았다. 무녀는 진리 처녀당의 처녀신이 소년의 피리에 홀려서 배를 못 뜨게 한다고 알려주었다. 선원들은 소년을 섬에 남겨두고 가기로 했다. 마라도의 애기업개나 울릉도 성하신당의 동남동녀처럼 거짓 심부름에 속은 소년이 배에서 내리자 선원들은 급히 배를 돌려 떠나 버렸다. 소년은 슬픔과 외로움에 식음을 전폐하고 매일 처녀 당 앞 소나무에 올라가 피리만 불다가 마침내 숨을 거두

었다. 소년은 그 자리에 묻히고 처녀신 옆에는 소년의 화상이 봉안되었다. 옛날에는 주민들이 당 근처 길로는 다니지도 못했다 한다. 그만큼 당집의 신을 두려워했다는 뜻이다. 섣달 그믐날 밤에는 돼지를 잡고 떡을 해서 제물을 바쳤다. "영검했어." 길 가던 할머니 한 분이 진리당의 영험을 증언한다. 지금은 건물을 새로 지어 반듯하다. 하지만 할머니는 그것이 마땅치 않다. "새로 짓고 나서는 영검이 없어요." 관광객을 위해 당집을 새로 꾸미면서 영험이 없어졌다고 믿는 것이다.

∞

흑산도 하면 떠오르는 이미지는 홍어다. 대청도나 백령도 바다에서 잡히는 홍어가 더 많지만 홍어의 고장은 단연 흑산도가 손꼽힌다. 흑산 홍어가 유명한 것은 대청도나 백령도 바다에서 살던 홍어들이 산란 때가 되면 흑산도 인근의 태도 서쪽 바다로 몰려들기 때문이다. 이 산란장이 '태도 서바다'란 곳이다. 산란을 위해 살이 오른 홍어가 맛이 있을 것은 자명하다. 옛 사람들이 흑산 홍어를 알아주었던 것도 그 때문이다. 하지만 육지 사람들에게 알려진 톡 쏘는 맛의 삭힌 홍어는 흑산도의 음식문화가 아니었다. 흑산도 사람들도 홍어를 귀하게 여겼지만 삭힌 홍어보다는 생홍어를 즐겨 먹는다. 흑산도 창촌 마을에서 만난 노인의 증언이다.

"우리는 삭혀서는 잘 안 먹어요. 바로 싱싱한 놈, 그렇게 먹어야 더 맛있고. 옛 어른들은 홍어가 소화제라 했어요. 껍데기에 낀 미끌미끌한 꼽을 삭힌 뒤 먹으면 소화도 잘 되고 가래도 잘 삭는다 했지."

홍어가 약으로 쓸 정도로 귀한 음식이었지만 흑산도 사람들은 삭힌 홍어를 먹는 풍습이 없었다는 말씀이다. 실상 삭힌 홍어는 내륙의 문화다. 옛날 상인들은 흑산도 인근 바다에서 나는 홍어를 비롯한 생선들을 사서 배에 싣고 영산강을 따라 내륙 깊숙이 있는 나주의 영산포까지 올라가 판매하곤 했다. 상인들은 날씨가 좋아 순풍을 만나면 짧은 시간에 흑산도에서 영산포까지 도달할 수 있었고 어물을 팔아 큰 수익을 남길 수 있었다. 그런데 풍랑을 만나거나 뱃길이 순탄치 않으면 뱃길이 열흘이 되고 보름이 되기 일쑤였다. 그때 다른 생선들은 모두 썩어서 버려야 했지만 홍어만은 썩지 않았다. 발효가 되어 숙성됐다.

생선도 썩으면 못 먹지만 발효가 되면 먹을 수 있다. 콩이 썩지 않고 발효되어 된장이 만들어지는 것과 같은 이치다. 그런데 다른 생선들은 썩어서 못 먹게 되는데 왜 유독 홍어만 발효가 됐던 것일까. 홍어의 몸속에 유난히 많은 요소와 요산이 있기 때문이다. 홍어가 죽으면 요소와 요산이 분해되면서 암모니아 가스를 발생시키는데 이 암모니아가스가 유해 세균의 번식을 억제한다. 마침 홍어는 볏짚으로 덮여 있었을 것이다. 암모니아 덕에 썩지 않은 홍어는 볏짚에 있는 발효균주의 도움으로 발효됐을 것이다. 삭힌 홍어 문화가 탄생된 배경이다.

흑산도 유배객 손암 정약전의 〈표해시말〉은 우이도 출신 홍어장수 문순득(1777~1847)이 1801년 12월 홍어를 사서 싣고 영산포로 가다가 표류해서 필리핀과 유구국(오키나와) 등 여러 나라를 떠돌았던 경험을 전해 듣고 기록한 표류기다. 홍어장수 문순득 같은 중간상인들이 흑산도 인근 태도 서바다에서 홍어를 산 뒤 영산포로 싣고 나가 팔았다. 문순득 같은 상인들이 삭힌 홍어 문화를 만든 공로자들이다.

"희망을 가지고 여행하는 것이 목적지에 도착하는 것보다 낫다."

-R.L. 스티븐슨

당신에게, 섬

자산어보는 다산 정약용의 형인 손암 정약전이 저술한 조선 최고의 해양 생물 백과사전이다. 손암은 오랜 관찰과 연구 끝에 물고기, 게, 고둥, 조개, 해삼, 말미잘, 물개, 고래, 물새, 해조류 등 흑산도 인근 바다에 서식하는 2백여 종의 해양생물에 대한 내용을 체계적으로 정리했다. 사리 마을은 손암 정약전이 유배 생활을 하며 자산어보를 저술했던 마을이다. 1801년(순조1년) 신유사옥이 일어나면서 손암은 그의 아우 다산 정약용과 함께 유배형에 처해졌다. 다산은 강진으로 가고 손암은 신지도와 우이도를 거쳐 흑산도까지 왔다. 손암은 유배 기간 동안 흑산진의 관할이던 우이도와 흑산도 사리마을을 오가며 생활했다. 1816년 손암은 우이도에서 숨을 거두었다. 16년 형극의 세월 동안 손암은 뭍을 밟아보지 못했다. 그 세월 손암은 서당을 열고 후학을 양성했고, 흑산 바다의 어류연구에 매진해 자산어보를 남겼다. 손암이 서당을 열고 후학을 양성했던 곳이 복성재다.

  손암이 유배를 살던 당시에도 이 섬에는 사람들이 살았다. 그들에게 흑산도는 태어나 태를 묻고 평생을 살아가야 할 세계의 전부였다. 어떤 이들에게는 삶의 터전이 어떤 이에게는 감옥이기도 하다. 유배가 아니었더라면 존재하는지조차도 몰랐을 세계에서 손암은 살다 갔다. 그가 새로운 세계를 보았기 때문에 손암은 새로운 학문 세계를 이루었을 것이다. 하지만 그가 이룬 학문적 업적은 결코 손암 혼자만의 것이 아니다. 그가 몸을 의탁했던 흑산 섬 사람들과 함께 이룬 업적이다. 손암 또한 자산 어보에서 마을의 '창대'라는 사람의 도움이 아니었으면 저술이 불가능했을 것이라고 고백했다. 그렇다면 자산 어보는 손암 개인의 성과가 아니라 흑산도 건너 섬 대둔도 출신의 장창대(덕순)와 손암의 공동 업적이라 해야 옳을 것이다.

흑산도는 동아시아의 해상교류사에서도 매우 중요한 섬이다. 흑산도는 삼국시대부터 고려시대까지 동아시아 횡단 항로의 중간 기착지이자 해상 교역의 중간 거점이었다. 읍동에는 사신이나 항해자들의 숙소와 편의시설로 활용되던 관사 터가 남아 있다. 상선의 선원이나 사신 등 항해자들이 제를 올리고 기도를 드리던 제단이나 절터도 있다. 상라봉에는 산성의 흔적과 제단의 흔적이 있고 그 아래는 무심사 선원 터가 있다. 목포대 도서문화연구소에서는 1999년부터 1년 동안 진리 읍동마을과 상라산성 일대의 조사를 통해 관사 터와 절 터, 철마와 주름무늬 병, 무심사 선원이라 새겨진 기와편 등 다수의 유물, 유적을 발굴했다. 발굴 조사로 고대부터 흑산도 읍동마을에 해양도시가 있었던 것이 밝혀졌다. 하지만 그 역사는 오랫동안 잊혀 졌었다. 해양 왕국 고려의 멸망 이후 조선이 해양 국가를 포기하고 해금정책을 썼던 까닭이다.

읍동 앞 바다에는 작은 무인도 하나가 있는데 그 이름이 옥섬(獄島)이다. 과거 흑산도 관아에서 죄수들을 수용하던 감옥 섬. 마피아 대부 알 카포네를 가두었던 미국 샌프란시스코의 알카트라즈 섬과 유사한 천연 감옥 섬이다. 절벽이 둘러싼 옥섬은 쉽게 탈출할 수 없는 구조다. 섬에는 별다른 건물도 없이 죄수들이 비바람을 피해 지낼 수 있는 동굴만 하나 덜렁 있었다고 한다. 죄수들은 짐승처럼 섬에 가두어졌던 것이다. 하지만 몇 달씩 식량 공급을 하지 않아도 죄수들은 낚시를 하거나 해초를 뜯어 먹고 생존할 수 있었다고 전한다. 지금은 아무 흔적 없는 무인도에 불과하지만 저 섬 또한 잊혀져서는 안 될 소중한 역사 유적이다.

유명 관광지들이 다 그렇듯이 흑산도 또한 입맛에 맞는 식당을 찾기가 쉽지 않다. 이런 지역의 향토음식점들은 대게 관광객을 상대하는 앞줄이 아니라 뒷골목에 숨어 있기 마련이다. 흑산도 또한 뒷골목으로 가면 주민들이 주로 찾는 단골 식당들이 있는데 이 식당들에서는 대체로 실패하는 법이 없다. 이 골목에는 흑산도가 아니면 맛보기 어려운 음식들이 많다. 그중 최고의 별미는 장어 간국이다. 사람들은 흑산도 하면 홍어 요리가 최곤 줄 알지만 나그네의 입맛에는 장어간국이 최고다. 마른 장어를 듬뿍 넣고 뽀얗게 끓여내는 장어간국은 비리지도 느끼하지 않고 담백하고 구수한 맛이 최고다. 놓치지 마시라.

Travel Note

흑산도는 하루 만에 돌아볼 수 있는 작은 섬이 아니다. 대부분의 사람들은 관광버스를 타고 섬을 일주하는 것으로 흑산도 다 봤다고 생각하지만 착각이다. 흑산도를 구석구석 제대로 돌아보려면 3박4일로도 짧다. 시간이 많지 않다면 칠락산에서 상라산까지 이어지는 흑산도의 산길만이라도 걸어볼 것을 권장한다. 흑산도, 홍도, 영산도는 물론 다도해의 진면목을 볼 수 있다. 흑산도 여행을 다녀온 사람들의 가장 큰 불만은 먹거리다. 그래서 나그네는 앞자리의 관광식당보다는 뒷골목에 숨어 있는 주민들의 단골 식당을 주로 찾는다.

바닥

사람들은 추락을 두려워한다.
하지만 사람은 누구나 바닥에서 태어난다.
아무리 높은 곳에 있다가 깊은 나락으로 떨어진다 해도 처음 그 자리다.
사람들은 잃었다고 생각하지만 실상 잃은 것은 아무 것도 없다.

옛 사랑의 작은 섬

관매도 | 전남 진도

　1965년 여름, 어떤 남녀가 관매도를 찾았다. 둘은 마을 뒷산에서 동반자살을 했다. 음독이었다. 20대 후반, 두 남녀는 우연히 만나 깊은 사랑에 빠졌다. 평생 함께 할 것을 약속한 남녀는 양쪽 부모님의 결혼 허락까지 받아냈다. 마침내 양가의 상견례 날. 비극은 그곳에서부터 시작됐다. 상견례를 위해 식당에서 만난 양가 부모는 소스라치게 놀랐다. 남자의 아버지와 여자의 아버지는 남이 아니었다. 두 사람은 한국 전쟁 때 이북에서 피난 내려오다 헤어진 친형제였다.

　상견례 장은 이산가족 상봉의 장이 되고 말았다. 기막힌 인연이었다. 다시 만난 형제는 기쁨의 눈물을 흘렸지만 두 남녀에게는 날벼락 같은 일이었다. 사랑하던 연인이 갑자기 사촌 남매가 되고 말았다. 결혼은 불가능한 일이 되었고 사랑 또한 금단의 사랑이 되었다. 이룰 수 없는 사랑에 고통 받던 남녀는 외딴 섬으로 마지막 여행을 준비했다. 그곳이 관매도였다. 현생에서 이룰 수 없는 사랑을 다음 생에서 이루기로 기약한 연인은 함께 극약을 마시고 생을 하직했다.

　자녀의 동반자살 소식을 듣고 관매도를 찾아온 양가 부모도 그들의 비극적 사랑이 다음 생에서라도 이루어지기를 기원했다. 그래서 그들이 목숨을 끊은 관매도에 두 사람을 묻어주기로 했다. 마을 사람들도 두 영혼을 위로하기 위해 무당을 불러 씻김굿을 했다. 장례도 마을에서 치러 주었다. 마을 사람들은 두 사람이 죽어서나마 서로 자유롭게 만나기를 바라며 두 관의 가운데를 터놓고 합장을 시켜주었다. 그 후 비가 오는 날이면 마을 사람들은 바구니만한 불덩어리 두 개가 백사장 끝 동굴 해안가 절벽을 누비며 춤추는 것을 목격하곤 했다. 사람들은 그것이 두 남녀가 원한을 풀기 위해 춤을 추는 것이라 생각했다.

오후 늦게 관매도에 도착한 나그네는 마지막 피서객들로 북적이는 관매리를 피해 관호리로 찾아들었다. 늦은 밤, 관호리 마을 민박집 방에서 목포 관매도 향우회가 만든 작은 책자에서 몇 줄의 이야기를 접했다. 짧은 글 속에 숨어 있던 절절한 사연을 들려준 것은 혹 그때의 그 연인이 아니었을까. 관매도의 밤이 깊다.

∞

진도 팽목항에서 출항한 여객선은 항해 내내 9노트의 속력으로 운항한다. 느린 배지만 1시간 20분에 불과한 거리니 여행자들에게는 지루할 틈이 없다. 여행자들 대부분은 좁은 선실보다 갑판에 나와 사진을 찍느라 바쁘다. 다들 바다와 섬이 그려내는 풍경화에 푹 빠져 있다. 여객선이 조도와 죽항도 사이 해협을 지나니 관매도가 지척이다. 문득 조타기를 잡고 있던 선장이 왼쪽의 작은 섬을 보라고 손짓하며 방송을 한다.

"저것이 방아 섬이요. 꼭대기에 바위 하나 안 있소. 그게 선녀들이 방아

찧었다는 방아 바위란 말이지."

　관매도 마을 뒷산에 붙어 있는 작은 무인도. 관매도 해수욕장과 함께 관매도의 상징물이 된 것이 저 방아 섬이다. 선녀들이 내려와 방아를 찧다 올라가곤 했다는 전설이 내려오는 섬. 저 방아 섬의 방아바위 때문에 건너 섬 청등도 처녀들이 바람 잘 날 없었다. 그 바람을 잠재우기 위해 청등도 어른들은 처녀들이 방아 섬을 보는 것조차 금기시했고 관매도 사람들과는 결혼도 시키지 않았다. 또 방아 섬과 마주보고 있는 하조도 신전리에서도 관매도 사람과 결혼하면 파경에 이른다는 속설이 있어서 혼인을 금했다. 대체 저 방아 섬은 왜 청등도 처녀들을 달뜨게 하고 섬들 사이의 혼인까지 막았더란 말인가.

　아마도 방아 섬 중앙에 솟아오른 장대한 남근 모양의 방아바위 때문일 것이다. 선녀들이 내려와 찧었다는 방아가 무슨 방아였을지 짐작이 가고도 남지 않겠는가. 본래 저 바위는 남근석으로 불렸을 것이다. 그것이 너무 노골적이라 느낀 사람들이 방아라는 메타포를 사용한 것일 터다. 남근석이 일깨워주는 성에 대한 호기심이 청등도나 하조도 처녀들을 일찍부터 이성에 눈뜨게 만들었던 것은 아닐까. 성에 자유로워지는 처녀들의 의식을 잠재우기 위해 그런 금기를 만든 것은 아닐까.

∞

　진도군 조도면의 새끼섬 관매도. 관매도는 관매리와 관호리 두 개의 큰 마을이 있고 장산평, 장산 너머 두 개의 작은 마을이 있다. 인구가 많을 때는 2000명까지 살기도 했던 섬이지만 이제 180명 남짓만 남은 한적한 섬이 되었다. 다도해 국립공원에 속할 정도로 경관이 수려하고 넓은 백사장이 있어 여름 피서철이면 많은 사람들이 찾아든다. 그래도 뭍에서의 접근이 쉽지 않은 까닭에 섬은 난개발을 피해 원형이 잘 보존되어 있다.

　관매도는 원래 볼매도, 관호도 등으로 불렸다. 지금도 조도 군도의 섬으로 둘러싸인 관매도 앞바다는 호수처럼 아늑하고 잔잔하다. 그래서 관호라 이름 했었다. 하지만 일제 때 전혀 엉뚱한 이름을 얻어 관매도가 되었다. 매화나무 한 그루 없던 관호도가 매화 섬(觀梅島)이 된 것이다. 지금은 이름에 부합하기 위해 매화나무 단지를 조성하기도 했지만 아직 매화 섬이라 이르기엔 역부족이다. 그러나 관매리 해변을 따라 조성된 곰솔 숲은 이 땅 어느 섬의 솔숲보다 원형이 잘 보존되어 있고 규모도 크다. 300여 년 전 섬에 입도한 함씨가 방풍림으로 조성한 것인데 무려 3만여 평의 해변에 거목들이 거대한 숲을 이루고 있다. 그 덕에 관매도의 솔숲은 2010년 제 11회 아름다운 숲 전국대회에서 대상인 생명상을 수상하기도 했다.

관매도에도 토속 신앙은 사라진 지 오래다. 하지만 아직도 관매리 초등학교 앞 300년도 넘은 후박나무(천연기념물 212호)는 옆 자리의 느릅나무, 곰솔과 함께 성황림을 이루고 있다. 이 성황림 안에는 관매도의 신전인 성황당이 있었다. 성황당(혹은 서낭당) 신앙은 옛날 이 땅의 가장 보편적인 마을 신앙이었다. 마을 사람들이나 마을 앞을 지나가는 나그네들은 모두 성황당 앞에 건강과 안녕을 빌었다. 성황당은 어디서 비롯된 신앙일까. 국민대 국사학과 박종기 교수의 〈새로 쓴 5백년 고려사〉에 따르면 성황당의 유래는 이렇다.

성황당에서 성은 산성을 뜻한다. 성 밑에 파놓은 땅을 호라 하는데 황은 호에 물을 채워 적이 성으로 침입하지 못하게 하는 시설을 말한다. 황은 성지라고도 한다. 흔히 해자라고 하는 것도 이것이다. 성황신은 성과 황이 성 안 주민들의 생명을 지켜주는 데서 비롯됐다. 성황신은 성과 황처럼 마을을 공동체의 안녕을 지켜주는 신인 것이다. 성황신을 믿는 행위가 성황 신앙이다. 성황신앙은 6세기경부터 중국에서 성행했는데 고려시대 마을의 수호신을 모시는 곳이 성황당이었다. 조선시대에는 서낭당으로 바뀌었다. 고려시대에는 성황신앙이 공가의 공인 신앙 중 하나였다.

예전 관매도에서도 당제를 모실 때는 제관이 3일 동안 성황당에서 생활하며 치성을 드릴 정도로 지극했었다. 하지만 지금은 성황당도 사라지고 당제의 맥도 끊긴 지 오래다. 섬 마을의 신전이던 성황당의 자리를 대신한 것은 교회다.

관매도가 가장 아름다운 때는 언제일까. 단연 봄이다. 특히 4월의 관매도는 천상의 화원이다. 관매도 온 들녘에 피어나는 유채꽃밭은 제주보다 더 드넓고 화려하다. 관매리 마을에서 장산편 마을 사이 들녘은 도무지 꽃들을 피해 다닐 틈이 없다. 한 시간만 발품을 팔면 오를 수 있는 돈대산 정상에 서면 꽃물결 넘치는 관매도를 한눈에 볼 수 있다. 가히 선경이 따로 없다.

자동차가 몇 대 없는 관매도는 마을길 자체가 훌륭한 트레일이지만 섬의 뒤안 하늘다리까지 이어지는 트레일과 방아 섬까지 이어지는 트레일을 별도로 만들었다. 해변을 따라 이어지는 두 길은 경사가 거의 없어 편안하게 걷기 안성맞춤이다. 꽁동과 돌묘가 있는 해안을 끼고 하늘다리까지 갔다가 오는 길에는 꼭 관호마을 묏뚝샘에서 샘물을 마셔 봐야 한다. 달디 단 묏둑샘의 물맛은 관매도의 또 다른 자랑거리다. 막혔던 가슴이 뻥 뚫리는 시원한 물맛이다.

Travel Note

관매도의 가장 큰 보물은 누가 뭐래도 관매리 해변가 솔밭이다. 이 솔밭 그늘에 들어가면 책을 읽거나 사색을 하거나 산책을 하거나 멍하니 있거나 무얼 해도 누구 하나 간섭하는 사람이 없다. 거대한 솔숲은 그 자체로 또 하나의 섬이다. 특히 아침 햇살이 들기 전 거니는 솔숲은 비할 데 없이 고즈넉하다. 관매도의 또 다른 보물은 쑥막걸리다. 몇몇 집에서 할머니들이 관매도 쑥을 넣고 직접 담가내는 쑥막걸리는 짙은 쑥향이 그대로 혈관을 타고 드는 듯 황홀하다.

당신에게, 섬

감자탕을 먹으며

그대에게 줄 것이 없어
감자탕을 먹으며
뼈를 발라 살점 하나 건넨다

그대는 손을 젓는다
내 살이라도 뜯어주고 싶은데
고작 돼지 등뼈에 붙은
살점이나 떼어주는 나를
그대는 막는다

나는 그대의 슬픔을 모른다
그대 안에 깃들지 못하고
저녁 구름처럼 떠나간 그대의 사랑을 모른다

늦은 저녁
그대와 마주앉아 감자탕을 먹는다
그대 옛 사랑의 그림자와
감자탕을 먹는다

그대는 그대의 슬픔을 모른다
그대는 그대의 쓸쓸함을 모른다
그대 옛 사랑의 늦은 저녁
그대와 감자탕을 먹으며
내 뼈에 붙은 살점 하나
그대 수저 위에 올린다

카멜리아의 여인

지심도 | 경남 거제

    파리 사교계의 여인 마르그리트 고티에는 한 달 내내 밤이면 동백꽃을 가슴에 꽂고 다녔다. 25일은 흰 동백, 나머지 5일은 붉은 동백. 그래서 그녀는 카멜리아의 여인(동백꽃 여인)으로 불렸다. 알렉상드르 뒤마 필스의 소설 〈춘희〉에 나오는 이야기다.

선운사에 가신 적이 있나요/바람 불어 설운 날에 말이에요/

동백꽃을 보신 적이 있나요

눈물처럼 후두둑 지는 꽃 말이에요/나를 두고 가시려는 님아/

선운사 동백꽃 숲으로 와요

떨어지는 꽃송이가 내 맘처럼 하도 슬퍼서/

당신은 그만 당신은 그만 못 떠나실 거예요

    겨울이면 자주 듣게 되는 송창식의 노래 〈선운사〉 또한 동백을 노래한 것이다. 애절한 정조가 울듯 울듯하면서도 끝내 울음을 참아내는 송창식의 음색과 잘 어울리는 절창이다.

동백은 오랜 세월 사랑받아온 대표적인 겨울 꽃이다. 동서양을 막론하고 사람들의 동백에 대한 사랑은 깊을 대로 깊었다. 하지만 이 땅에서 살다간 사람들처럼 동백에 대한 사랑이 깊었던 이들이 또 있을까. 고려시대의 이규보, 조선시대의 서거정, 기대승 같은 당대 최고의 문사들도 동백을 노래했다. 퇴계의 수제자였던 학봉 김성일(1538년~1593년)도 매화와 함께 동백을 고고함의 상징으로 꼽으며 지극한 애정을 드러낸 바 있다.

두 가지 동백나무 각자 다른 정 있나니/동백 춘백 그 풍도를 누가 능히 평하리오/
사람들은 모두 봄철 늦게 핀 꽃 좋아하나/나는 홀로 눈 속에 핀 동백 너를 좋아하네

꽃에 미쳐 살았던 조선의 선비 유박(1730~1787)도 '화암수록(花菴隨錄)'에서 "치자와 동백은 청수(淸秀)한 꽃을 지니고 또 빛나고 윤택한 사시(四時)의 잎을 겸하였으니 화림(花林) 중에 뛰어나고 복을 갖춘 것이라." 평하며 동백이 도골선풍을 지녔다고 찬탄했다.

옛날 통영 사람들의 동백 사랑도 유별났다. 충렬사 부근 마을에 살던 처녀들은 충렬사 입구 명정샘으로 물을 길러 다녔다. 충렬사 경내에는 500년이나 된 아름드리 동백나무 네 그루가 서 있는데 겨울 새벽이면 처녀들은 물을 긷기 전에 이 오래된 동백나무에서 동백꽃 한두 송이를 땄다. 샘물을 기른 처녀들은 물동이 위에 동백꽃을 띄웠다. 처녀들이 물동이에 동백꽃을 띄운 이유는 무엇이었을까. 혹시 그녀들은 그녀들 속에서 타오르는 붉디붉은 정념을 물동이에 띄워 드러내고자 했던 것은 아니었을까. 박경리 선생도 소설 〈김약국의 딸들〉에서 "충렬사 이르는 길 양 켠에는 아름드리

동백나무가 줄을 지어 서 있고 아지랑이 감도는 봄날 핏빛 같은 꽃을 피운다."고 통영 동백을 기록했다.

동백열매는 실용성도 뛰어났다. 요즘 들어 동백오일을 함유한 화장품이 인기지만 옛날부터 여인들은 동백씨앗을 짜 머릿기름으로 사용했고 식용이나 등잔불 밝히는 데도 썼다. 여수의 거문도에는 섣달그믐 저녁이면 동백꽃 우린 물로 목욕을 하는 풍습이 있었다. 동백꽃 물로 목욕을 하면 종기도 치료되고 피부병을 방지할 수 있다고 믿었기 때문이다. 동백은 주술적인 힘도 지녔다. 동백나무 가지로 여자의 볼기나 엉덩이를 치면 그 여자는 사내아이를 잉태할 수 있다고 믿었는데 그것을 묘장(卯杖) 또는 묘추(卯錐)라 했다.

절정으로 치닫는 동백의 계절. 붉게 타오르는 겨울의 심장인 동백을 나는 지극히 편애한다. 편애는 차별이 아니라 집중이다. 학봉이 그랬듯이 나 또한 동백 중에서도 유독 겨울 동백을 더욱 사랑한다. 동백(冬柏)이라고 다 같은 동백이 아니다. 한 겨울 추위 속에 피는 동백만이 진짜 동백이다. 동백은 이름과 달리 늦가을부터 봄까지 물경 6개월을 피었다 지기를 거듭한다. 그래서 가을에 피는 것은 추백(秋柏), 봄에 피는 것은 춘백(春柏), 겨울에 피어야 비로소 동백(冬柏)이다.

동백과 춘추백은 낯빛부터가 다르다. 추백이나 춘백에서는 뜨거운 정열이 느껴지는 반면 동백은 서늘한 결기로 보는 이를 압도한다. 2월, 요즈음이 진짜 동백을 볼 수 있는 마지막 시간들이다. 겨울에 피는 동백은 열매 맺을 수 없다. 그래서 꿀을 만들지 않으니 당연히 벌, 나비나 동박새도 날아들지 않는다. 누구를 유혹할 생각도 없이 오로지 온 에너지를 꽃 피우

는 데만 집중한다. 꽃에 결기가 있는 것은 그 때문이다. 꽃 피우고 열매 맺지 못하면 또 어떤가. 이름값을 하고 죽는 것이 열매를 얻는 것보다 못하다고 말할 근거는 어디에도 없다. 대책 없이 타오르다 붉게 지는 목숨, 저 선연한 동백으로 인해 겨울은 비로소 겨울답다.

겨울의 끝자락 진짜 동백을 보고 싶다면 거제의 지심도를 찾아가라. 지심도는 수백 년 된 고목 동백나무가 섬 전체 면적의 70%를 뒤덮고 있는 진짜 동백섬이다. 동백과 후박, 소나무 거목들로 가득한 지심도는 선착장부터 동백터널이 시작되는데 섬의 둘레길을 걷는 내내 동백 숲 터널을 통과하게 된다. 지심도의 이 동백 숲길은 경상도에서 가장 걷기 좋은 길로 꼽힌다. 섬은 또 동백나무뿐만 아니라 소나무, 팔손이, 후박나무 등의 상록수가 원시림의 숲으로 남아 있는 이 땅에 보기 드문 보물섬이다.

하지만 섬의 소유자는 주민들이 아니다. 국방부다. 섬의 땅 주인이 국방부였다는 것이 주민들에게는 불운이었을지 모르나 나무들에게는 행운이었다. 지심도는 면적 0.356제곱킬로미터(10만여 평), 길이 1.5킬로미터, 너비 500미터, 해안선 둘레 3.7킬로미터에 불과한 작은 섬이다. 더 오랜 옛날에도 살다 떠나고 들어와 살기를 거듭했을 터지만 기록에 남아 있는 사람살이의 역사는 길지 않다. 사람들이 다시 이 섬에 정착해 살기 시작한 것은 조선 현종 때인 17세기 후반부터다.

그러나 지금 섬에 사는 사람들은 그들의 후손이 아니다. 선주민들은 일제시대 제국의 군대에 의해 쫓겨났고 8.15 해방 때까지 섬에는 일본군 일개 중대가 주둔했었다. 해방 이후에야 다시 사람들이 들어와 살기 시작했지만 섬은 이미 국방부의 소유가 되어 있었다. 섬에는 국방부 산하 국방과학연구소가 있다. 그래서 누구도 함부로 나무를 베어낼 수 없었고 오늘까지 원시림이 보존된 것이다. 섬의 뒤안에는 일제의 포진지와 탄약고가 고스란히 남아 있다. 겨울이 아주 가버리기 전에 동백섬으로 가자. 그래야 비로소 우리는 겨울을 떠나보내고 봄을 맞이할 준비를 마치게 될 것이다.

Travel Note

지심도는 동백섬으로 알려져 있지만 한겨울에 가면 동백꽃을 못 볼 가능성이 크다. 12월에 만개했던 동백은 겨울 동안 휴지기를 가지다 2월 중순부터 3월이 되어야 다시 만개하기 시작한다. 지심도 가는 도선장이 있는 장승포항에 가면 놓치지 말아야 할 집이 천화원(055-681-2408)이라는 중국음식점이다. 한강 이남 최고란 소리를 듣는 집이다.

가파도의 로미오와 줄리엣

가파도 | 제주 서귀포

   젊은 시절 가파도 김동욱 전 이장님에게는 2년 아래의 아름다운 여동생이 있었다. 그녀는 고등학교에 입학하면서 서울로 유학을 떠났다. 1학년 여름방학 때 동생은 고향 가파도로 돌아왔다. 총명한 그녀는 물질을 좋아했다. 어려서부터 놀이터 삼아 바닷속에서 살았으니 물은 그녀에게 또 하나의 고향이었다. 그녀는 방학 내내 해녀 친구를 따라다니며 물질을 했고 전복을 잘도 따왔다. 그러던 어느 날 물속으로 들어간 뒤 영영 나오지 않았다. 수중에서 참았던 숨을 놓고 만 것이다. 물속에서 영영 살고 싶었던 것일까. 바다를 떠나기 싫었던 것일까.
   깜짝 놀란 해녀 친구는 울부짖으며 해녀대장이던 그녀의 엄마에게 매달리고 고모에게도 매달리며 "내 친구가 바다에 누워 있다. 건져 달라." 했지만 다들 외면했다. 해녀 사회에는 금기가 있었다. 바다에서 빠져 죽은 사람을 건져 주면 죽은 사람에게 남은 숨을 다 줘 버리기 때문에 다시는 해녀 노릇을 할 수 없다는 믿음이다. 그것은 아마도 한 사람 구하기 위해 여러 사람이 목숨 잃을지도 모르는 위험을 미연에 방지하고자 해녀들 스스로가 만들어낸 금기이자 고육책이었을 것이다.

"확실히 인간은 한여름의 반딧불처럼 덧없는 존재지만, 반대로 생각하면 이 넓고 아득한 그리고 광대한 풍경 속에서 작지만 소중한 불빛을 밝히는 존재이기도 하다."

−후지와라 신야

이러한 사실을 알게 된 이장님 집안은 해녀 친구네 집안과 원수가 됐다. 그 사이 이장님은 애절하게 울어대는 동생의 친구를 달래고 위로하면서 자신도 위로받았고 마침내 둘은 사랑에 빠져 버렸다. 하지만 두 집안은 이미 돌이킬 수 없는 원수지간. 어느 쪽도 둘의 결혼을 허락하려 들지 않았다. 효자였던 이장님은 아버지의 뜻을 거역할 수도 없었다. 그래서 결국 이장님은 유랑의 길을 택했다.

　가파도를 떠나 뭍으로 가서 몇 달씩 떠돌다 돌아와 사는 시간이 시작됐다. 대정읍사무소 공무원 생활도 접고 떠돌이가 됐다. 하지만 결혼 허락을 얻으려는 시도는 번번이 좌절됐다. 그렇게 유랑과 귀향의 날들이 수도 없이 반복됐다. 어느 해 유랑에서 돌아온 날 이장님의 아버지가 드디어 손을 들었다. "귀신이 세 개 들어도 남녀 간의 사랑은 못 말린다는데 내가 졌어." 10년 만에 얻은 사랑의 승리. 이장님은 그 자리에서 만세를 불렀다. 원수가 된 집안도 화해시키는, 사랑은 힘이 세다.

∞

　가파도는 제주 섬 속의 섬이다. 봄이면 가파도는 섬 전체가 온통 청보리 물결로 넘실거린다. 무려 18만 평의 보리밭. 한때는 '보릿고개'가 굶주림의 대명사이기도 했었지만 이제 보리밭은 향수를 자극하는 낭만의 상징이 되었다. 가파도는 최남단 마라도의 명성에 가려 오랜 세월 무명으로 살았다. 찾아오는 이들도 거의 없었다. 제주 본섬에서 불과 20분 거리지만 오지 낙도였다. 그런 가파도가 올레길이 생기고 마라도만큼이나 유명한 섬이 됐다. 가파도 올레길이 명성을 얻는 데는 청보리밭이 큰 몫을 했다.

가파도는 이 나라 유인도 중 가장 낮은 섬이다. 섬의 가장 높은 곳이 20.5미터. 제주도에 남한에서 가장 높은 산과 가장 낮은 섬이 함께 자리하고 있다는 사실은 의미심장하다. 그동안 제주를 찾는 사람들은 가장 높은 곳을 쫓아 다들 한라산에 오르면서도 가장 낮은 섬 가파도에는 눈길조차 주지 않았다. 우리는 너무도 낮은 것을 천시하는 습성이 있다. 바닥이야말로 지친 우리를 받아주고 눕혀주는 것을. 실상 산에 오르기보다 중요한 것은 산에서 내려가는 일이다. 낮은 곳으로 잘 내려가는 것이야말로 등산의 완성이 아닌가. 오랜 세월 몸 낮추고 납작 엎드려 있던 가파도가 비로소 가장 낮은 것의 가치를 세상에 보여주고 있다.

∞

멀리서 보면 가파도는 바다와 거의 수평이다. 가장 낮은 섬답게 섬 전체에 산이나 언덕이 없다. 물에 잠길 듯이 위태롭지만 섬은 사람살이 내력이 신석기시대까지 이어진다. 제주도내에서 발견된 180여 기의 고인돌 중 135기가 가파도에 있다. 가파도 사람들은 고인돌을 '왕돌'이라 부른다. 가파도의 왕돌은 전형적인 남방식 고인돌이다. 판석을 세우지 않고 지하에 묘실을 만든 다음 작은 굄돌을 놓고 그 위에 큰 덮개돌을 올려 놓았다. 가파도 농경지 곳곳에 고인돌이 놓여 있다. 무덤 곁에서도 삶은 지속된다.

상동포구 선착장 근처에는 패총의 흔적이 남아 있다. 고인돌과 함께 가파도에 살았던 선사인들의 유적이다. 시간은 사람이 먹고 남긴 쓸모없는 조개껍질들마저 귀중한 유물로 만드는 신비한 능력이 있다. 시간은 삶을 지배하는 유일신이다. 아무리 하찮다고 여겨지는 삶도 시간의 주재 하에

당신에게, 섬

서는 하찮은 것이 아니다. 삶의 어느 사소한 것 하나도 돌이켜 보면 소중하지 않은 것이 있었던가. 그래서 사람들은 늘 사소한 것에 목숨을 건다. 사소한 일 때문에 기쁘고 슬프다. 사소한 것 때문에 사람을 사랑하고 미워한다. 사소한 희망에 살기도 하고 사소한 절망에 죽기도 하다. 삶에 사소하지 않은 것이 어디 있으랴. 세계는 사소함으로 가득하다.

가파도 북쪽 해안 길은 이승의 길이 아니다. 삶의 이면 도로는 묘지들로 가득하다. 묘지의 주인들은 끝내 평생 자맥질하던 바다를 떠나지 못하고 바다 곁에 누웠다. 이어도, 그들은 마침내 저승길을 지나 유토피아에 도착한 것일까. 해변의 묘지 끝자락쯤에 가파도의 신전인 할망당이 있다. 제주에서는 여신을 할망이라 부른다. 가파 할망당에는 더 이상 소망을 비는 기도의 자취가 없다. 당 할망의 조력이 없이도 살아갈 수 있을 만큼 섬사람들의 삶은 안전해진 것일까. 비바람일까. 마라도 쪽으로부터 바람이 불어온다. 돌이켜 보면 나그네는 늘 바람과 맞서기만 했다. 바람을 타는 것과 바람에 맞서는 것 어느 쪽이 진리일까. 오늘도 의문은 끝이 없고 해답은 기약 없다.

바람의 통로

가파도 상동포구, 바다와 정면으로 마주선 섬 집들의 방어막은 돌담이다.
돌담은 언뜻 성곽처럼 단단해 보이지만 다가가면 허술하다.
구멍투성이 허점 많은 전선.

어떻게 저 혼자 서 있기도 버거운 돌담이
강력한 바람 군단을 막아내며 견뎌온 것일까?
바람의 군사들이 신호음을 내며 구멍을 빠져 나간다.

무엇일까 저 구멍은
어쩌면 숭숭 뚫린 저 구멍 덕에 돌담은 섬은 섬의 집들은
오랜 세월 바람의 침입에 무사했던 것은 아닐까.
돌담은 저 구멍으로 바람의 군대를 분산 통과시켜 주고
섬의 안전을 보장받아 온 것은 아닐까.

바람과 싸우지 않고 섬을 지켜온 돌담의 전략
돌담은 바람의 방어막이 아니라 바람의 통로다.
섬사람들은 바람을 거스르고 살 수 없어
바람의 샛길을 내주고 바람과 함께 살아간다.

Travel Note

가파도는 흔히 4월 청보리필 때 많이들 찾아간다. 사실 보리밭은 청보리 일 때보다는 누렇게 익어가는 5월이 더 아름답다. 이때를 보리누름 때라 한다. 보리누름 때는 가파도를 더 한가하고 여유 있게 걸을 수도 있다. 남들 다 찍는 청보리밭이 아니라 황금보리밭을 담아올 수도 있으니 이 또한 행운이다. 길을 가다가 혹 가파도 로미오와 줄리엣 주인공인 김동욱 전 이장님을 만나거든 '강시인' 책을 보고 왔다고 얘기하라. 생생한 가파도 이야기 많이 해주실 것이 틀림없다. 아, 또 거기 해녀의 집에 가면 해녀의 남편이자 시인인 제주 조폭두목출신의 제주올레 초대 탐사대장 서동철 형이 있다. 그분 또한 '강시인' 이야기를 하면 반갑게 제주의 보석 같은 이야길 줄줄이 해주실 거다.

신화의 섬

성하신당과 죽도 | 경북 울릉

당신에게, 섬

 안무사는 섬에 사는 자들을 잡아들이라는 조정의 명에 따라 군대를 이끌고 울릉도에 도착했다. 조선 시대 국가의 섬에 대한 정책은 섬을 비우는 공도(空島)정책이었다. 섬이 왜구들의 근거지가 되는 것을 방지한다는 명목으로 조정에서는 섬에 사람이 사는 것을 금했다. 그래도 뭍에서 살기 힘든 사람들은 몰래 섬으로 숨어들었다. 섬에 사는 순간부터 사람들은 국법을 어긴 죄인이 됐다. 종사품의 수군진 수령인 삼척만호 김인우는 안무사가 되어 전함 두 척을 이끌고 울릉도 황토구미에 정박한 뒤 섬사람들을 샅샅이 잡아들였다. 이들은 뭍으로 압송되면 주동자는 참형을 당하고 나머지는 각 지방의 관노로 보내져 평생 자유를 박탈당할 터였다. 참으로 지엄하고 잔혹한 정책이었다.

 출항 전날 밤, 안무사의 꿈에 동해의 해신이 나타나 어린 소년과 소녀 한 명씩을 두고 가라고 명했다. 하지만 안무사는 해신의 명을 무시하고 배를 출항시켰다. 유학의 신봉자인 안무사에게 해신 따위는 안중에도 없었다. 배가 돛을 올리자 거센 풍랑이 일어나 앞으로 나아갈 수 없었다. 며칠이 지나도 바람은 자지 않았다. 그러던 어느 날 안무사는 문득 소년소녀를 두고 가라던 해신의 꿈이 생각났다. 안무사는 섬사람들을 배에 태운 뒤 어린 소년과 소녀 한 명씩을 뽑아 심부름 보내며 자신이 머물던 집으로 가서 필묵을 가져오도록 했다. 아이들이 배에서 내리자 안무사는 돛을 올리고 출항을 명했다. 바람은 이내 잠잠해졌다.

 뭍으로 돌아온 뒤에도 김인우는 늘 그때의 일이 마음에 걸렸다. 8년 후 조정에서 다시 그에게 안무사를 맡겼다. 다시 울릉도에 도착해 전에 그가 머물던 거처를 찾았다. 그곳에는 서로 꼭 껴안고 죽은 소년 소녀의 백골이 놓여 있었다. 김인우는 그곳에 사당을 짓고 소년 소녀의 상을 모셨다.

울릉도 황토구미에 있는 성하신당의 내력이다. 신당 안에는 섬에서 흔히 보는 장군신이나 용왕신이 아니라 동자와 동녀 신을 모셨다. 성하 신당의 비극적 설화는 제주 마라도 할망당의 애기업개 설화나 흑산도 진리 당의 피리 부는 소년 설화와 유사한 서사구조를 가지고 있다. 세 설화 모두 뱃길을 막는 풍랑을 잠재우기 위해 소년이나 소녀를 제물로 바친다. 제물로 바치기 위해 어른들은 모두 동일한 간계를 부린다. 두고 온 물건을 가져 오도록 심부름을 보낸 뒤 배를 몰고 떠나버리는 것이다. 마라도의 소녀와 흑산도의 소년, 울릉도의 소년, 소녀는 모두 외로움과 굶주림에 지쳐 숨을 거두고 사후에는 신당에 신으로 모셔진다.

설화들은 조선시대에 들어와서도 인신공양 풍속이 남아 있었다는 사실을 증거한다. 인신 공양 과정에서 직접적인 폭력이 행사되지 않고 간계가 등장하는 것은 그러한 행위가 법으로 금지되었기 때문일 것이다. 그럼에도 인신 공양은 암암리에 지속되었고 범죄에 참가했던 사람들은 죄의식을 씻어버리기 위해 희생자들을 신격화시킨다. 희생자들이 신의 세계에 들어간 이상 현세에서의 범죄는 더 이상 죄악이 아니게 된다. 희생자들의 신격화를 통해 범죄자들은 면죄부를 받는다.

밀랍으로 빚어진 동남동녀상은 실물처럼 생생하다. 마치 그들의 원혼이 상에 깃들기라도 한 것처럼. 황토구미 해안가에 바람이 분다. 억울하게 죽은 소년 소녀는 죽어 신이 됐어도 그들이 살던 땅에 끝내 다시 돌아올 수 없다. 바람결 따라 물결이 인다. 사람은 가고 오지 않는데 바다는 어찌 이리 또 애타게 일렁이는가.

과거 섬은 뭍에서 벗어난 은둔자들의 땅이었지만 삶의 풍파는 섬이라고 비껴가지 않았다. 울릉도 사람들도 마찬가지였다. 예나 지금이나 사회적 약자들이 마음 편히 살 땅은 어디에도 없다. 국가의 공도정책에 따라 오랜 세월 울릉도는 금(禁)섬이었다. 지킬 힘이 없으니 조정은 울릉도를 버렸다. 그래도 사람들은 기어코 섬으로 숨어들었다. 하지만 사람들이 자리 잡을만하면 왜구들이 들이닥쳐 초토화시켰고, 그도 아니면 조정에서 보낸 군사들에게 붙들려 다시 뭍으로 쫓겨 갔다. 울릉도에 다시 공식적인 주민 거주가 허락된 것은 1882년부터다. 섬은 여전히 개척시대를 통과하고 있는 것이다.

∞

삶은 온통 은유와 상징으로 가득 차 있다. 신화와 전설, 설화 어느 하나 삶의 상징 아닌 것은 없다. 삶은 곳곳이 풀어야 할 암호 투성이다. 성하신당의 설화를 뒤로 하고 도동항에서 죽도행 유람선에 오른다. 한 가구가 사는 죽도에 정기여객선은 없다. 유람객들을 모아 하루 한두 차례 배가 뜨는 것이 고작이다.

독도에 대한 관심으로 독도행 유람선은 미어터질 지경이지만 죽도행 배에는 사람이 많지 않다. 죽도는 울릉도 동북쪽 3.5킬로미터 지점에 불쑥 솟아 있다. 20분이 채 걸리지 않는 뱃길이다. 짧은 뱃길이지만 낯선 섬으

로 가는 선실은 설레임으로 가득하다. 죽도 선착장에서 마을로 오르는 길은 가파른 절벽이다. 지금이야 나선형 계단이 설치되어 쉽게 오르지만 예전에 살던 사람들은 어떻게 저 아찔한 낭떠러지를 오르내렸을까. 섬은 빠삐용이 갇혀 있던 감옥처럼 험한 천연의 요새다.

섬의 절벽을 오르면 거짓말처럼 너른 평원이 나타난다. 섬은 입구부터 곳곳이 시누대밭이다. 죽도란 이름을 얻은 것은 이 대나무들 덕분이다. 섬 주민이 사는 집 입구에는 관광객들의 출입을 막는 금줄이 걸려 있다. 섬의 중앙에는 너른 밭이 있고 밭은 전부가 더덕 밭이기 때문이다. 섬에 살지만 죽도 주민은 바다가 아니라 땅에 기대고 산다.

섬은 온통 방풍림에 둘러 쌓여 거센 바람에도 안전하다. 바람이 통하지 않는 산책길을 걸으니 찌는 듯이 무덥다. 한참을 그렇게 찜통 속을 걷다 문득 어느 언덕에 서니 서늘한 바람이 쏟아져 들어온다. 바람은 울릉도 본섬에서 건너온 것이다. 동해바다를 건너던 눅눅하고 후끈한 바람이 성인봉을 비롯한 높고 깊은 산 수풀을 통과해 오는 동안 청량해진 것이다. 바람의 언덕에서는 관음도와 삼선암의 풍경이 선계인 듯 아련하다. 비경은 대게 그에 값하는 신화나 전설을 품고 있기 마련, 삼선암 또한 예외는 아니다.

아득한 옛날 동해 바다의 경치에 매혹된 세 선녀가 자주 울릉도 부근 바다에 내려와 물놀이를 즐기다 승천하고는 했다. 그러던 어느 날도 선녀들은 옥황상제의 명을 받은 장수와 용의 호위를 받으며 울릉도 앞 바다로 내려와 노닐었다. 물놀이에 열중해 있던 두 언니 선녀는 문득 막내 선녀가 호위 장수와 통정하는 것을 목격했다. 언니 선녀는 옥황상제에게 들키지 않기 위해 서둘러 하늘로 돌아가려 했다. 하지만 막내 선녀의 옷이 사라지고 없었다. 막내를 버려두고 둘이만 돌아갈 수가 없어 함께 옷을 찾다가 선녀들은 천계로 승천할 시간을 놓치고 말았다. 이 사실을 안 옥황상제는 분노에 사로잡혀 세 선녀와 장수를 바위로 만들어버렸다. 삼선암과 장수바위가 생긴 내력이다.

대체로 자연물에 얽힌 신화란 사람 세계에 대한 은유와 상징이다. 삼선암과 장수바위의 신화가 상징하는 것은 무엇일까. 혹 상제와 선녀는 군주와 군주의 여자는 아니었을까. 장수는 군주의 호위 무사. 삼선암 이야기는 사람 세계에서 흔히 일어날 수 있는 비극적인 연애담의 신화 버전으로 읽힌다. 이제 다시 신들의 세계에서 사람의 땅으로 내려갈 시간이다. 서늘한 신화의 바람골을 벗어나니 다시 후끈한 인간의 바람이 불어오기 시작한다.

Travel Note

직장을 그만뒀거나 다 내려놓고 싶을 때면 울릉도로 가라. 울릉도는 쉬우나 쉽게 갈 수 있는 섬이 아니다. 죽도는 울릉도 여행길에 놓치지 말아야 할 섬이다. 울릉도를 제대로 돌아보려면 적어도 일주일 정도는 있어야 한다. 섬에 들어가 여행사 차량으로 한 바퀴 휙 돌아보고 울릉도를 다녀왔다고 할 수 없다. 시간을 두고 천천히 걸어야 제대로 볼 수 있다. 성인봉도 넘어보고 죽도에도 건너가 봐야 울릉도를 조금은 봤다고 할 수 있다. 숙박은 관광객이 많은 도동보다는 어선들이 많아 울릉도의 삶을 느껴볼 수 있는 저동항 부근이 좋다.

늙은 신의 마지막 작품

백령도 | 인천 옹진

백령도 콩돌 해변에서 그대에게 편지를 씁니다.
나에게 그대는 언제나 처음이고 끝이었습니다.
그러나 이제 다시 그대를 찾지는 않겠습니다.
내 평생 사랑을 찾아 헤매어 사랑을 얻지 못하더라도
다시 그대를 찾지는 않겠습니다.
그대가 가난에 대하여 그대가 가난하게 사는
행복에 대하여 말할 수 있을 때,
가난한 그대 삶에 대하여 당당해질 때,
다시 그대를 찾겠습니다.
저무는 바닷가 저무는 해변에 나와
그대에게 편지를 씁니다.
나에게 그대는 언제나 처음이고 끝입니다.

백령도는 오랫동안 황해도 장연군에 속했지만 지금은 인천시 옹진군의 섬이다. 인천에서는 229킬로미터의 먼 거리지만 북한 장산곶과는 13.5킬로미터로 지척이다. 서울보다 평양이 가까운 섬. 백령도는 북한 황해도의 여러 지역보다 위쪽에 있다. 백령도에 가기 위해 여객선은 북한 옹진군의 순위도, 어화도, 창린도를 비롯해 장연군의 월내도, 육도 등을 뒤로 하고 북진해야 한다.

백령도와 장산곶 사이 바다에는 NLL만 있는 것이 아니다. 심청이 몸을 던졌다는 인당수도 있다. 진촌리 북쪽 산 중턱에는 심청각이 있다. 백령도는 황해도 해주와 함께 심청전의 무대가 되는 곳이다. 백령도와 장산곶 사이, 두무진에서 15킬로미터 정도의 지점에 심청이 몸을 던졌다는 인당수가 있다. 백령도 사람들이 인당수 혹은 임당수라 부르는 이곳은 옛날부터 백령도 어부들에게 물살이 세고 험한 곳으로 악명 높았다.

심청은 눈먼 아비를 위해 자신의 목숨을 팔았다. 인신공양의 재물, 심청은 인당수 바다로 몸을 던졌다. 용왕의 도움으로 심청은 목숨을 건졌다. 대청도와 백령도 사이 연봉 바위 부근에서 연꽃을 타고 올라온 심청은 백령도 연화리 마을로 떠밀려 왔다. 심청은 송나라의 황후가 되었다. 심청을 만난 아비는 감은 눈을 번쩍 떴다.

오랜 세월 사람들은 심청의 신화에 열광했다. 사람들이 열광한 것은 심청의 효도였을까? 효도에 대한 보상이었을까? 사람들이 심청 이야기에 열광한 것은 보상 때문이었을 것이다. 송나라 상인들에게 팔려 바다에 내던져져서도 용왕의 가피로 살아나고 천자국 송나라의 황후가 되어 부귀영화를 누리고 아비의 눈까지 뜨게 해준 보상. 사람들은 보상이 없었다면 심청 이야기에 그토록 열광하지는 않았을 것이다.

그래서일까. 나그네는 오늘 심청각 마루에 올라 심청의 효도를 찬탄할 수가 없다. 그보다는 오히려 되묻고 싶다. 심청은 정말 효녀일까. 아비의 목숨을 구하기 위해서도 아니고 눈먼 아비의 눈을 뜨게 해주기 위해 어린 딸은 공양미 삼백 석에 목숨을 팔았다. 그게 효도일까? 그게 인륜일까? 마음이 돌덩이가 아닌 다음에야 자신 때문에 딸이 죽은 것을 알았더라면 아비의 가슴은 갈가리 찢어지고도 남지 않았겠는가. 아비의 가슴에 못을 박는 것도 효도일까.

그것이 효도라면 참으로 끔찍한 효도가 아닐 수 없다. 심청의 부활이 없었다면, 눈을 떴다한들 아비에게 딸의 목숨으로 얻은 광명이 눈뜨고 볼 수 있는 세상이었을까. 눈뜬 지옥이 아니었을까. 심청이 인신매매 되어 목숨을 잃는 것은 엄혹한 현실이지만 용궁으로 가고 연꽃에 모셔져 송나라 황후가 되는 것은 판타지다. 판타지의 보상을 미끼로 현실의 목숨을 내놓으라고 부추기는 행위가 옳은 일일까.

그러한 심청 설화를 본받아야 할 효라고 선전하고 전시하는 것이 과연 온당한 것일까. 왕조 사회에서는 심청처럼 자식이 아비를 위해 목숨을 버리는 것을 장려했다. 백성의 아비인 왕을 위해서는 자식인 백성이 언제든지 목숨을 버려야 한다는 것이 왕조 사회의 통치 이데올로기였기 때문이다. 그래서 충과 효는 같은 덕목이었다. 심청의 효를 기리는 심청각에서 효의 의미를 다시 묻는다. 지금도 우리의 윤리의식은 여전히 봉건 왕조시대를 살아야만 하는가? 가련하고 착한 철부지 소녀 심청은 아직도 효녀인가?

사곶 해변은 이탈리아의 나폴리 해변과 함께 세계에 단 두 곳뿐인 천연 비행장으로 유명하다. 용기포에서 시작된 백사장은 10리길. 이곳의 모래밭은 미세한 규암 가루가 두껍게 쌓여 이루어진 해안이다. 물이 빠지면 콘크리트 바닥처럼 단단해서 한국전쟁 때는 유엔군이 천연 활주로로 활용하기도 했다.

썰물 때면 지금도 자동차들이 아스팔트길처럼 달리기도 하지만 이 해변은 더 이상 천연 비행장 역할을 할 수 없게 됐다. 스폰지 현상으로 곳곳이 푸석푸석한 모래밭으로 변해 버렸고 설상가상 갯벌화되고 있기까지 하다. 두 발로 걷다가도 자주 발이 푹푹 빠진다. 바다 가까이 걸으면 그나마 조금 더 단단하다. 해안가를 따라 수 킬로미터에 이르는 옹벽을 쌓고, 백령호를 만드는 과정에서 제방을 막은 까닭이다. 이 옹벽과 제방이 주변 조류의 흐름을 바꿔 놓은 것이다. 조류가 바뀌면서 점토질의 퇴적물들이 먼 바다로 쓸려 나가지 못하고 해안으로 유입되어 사곶 모래밭에 엉켜 붙어 모래밭을 갯벌화시키고 있다.

이 지방에 전해 오는 말에 "먹고 남는 백령도, 때고 남는 대청도, 쓰고 남는 소청도"란 이야기가 있다. 예부터 백령도는 농토가 넓어 자급자족이 가능했다. 그럼에도 바다 물길을 막아 담수호를 만들고 만 안쪽의 갯벌 350헥타르(100만여 평)를 논으로 만들었다. 간척이 되기 전 갯벌 바다에는 꽃게와 가자미가 넘쳐 났고 김양식과 굴 양식은 어민들에게 큰 소득을 안겨 주었다. 이제 갯벌은 사라지고 간척사업이 끝났지만 새로 생긴 100만 평의 논 또한 무용지물이 되고 말았다. 물이 있어야 농사도 지을 수 있다. 하지만 농업용수로 쓰기 위해 129헥타르(40만 평)의 담수호를 만들었으나 염분의 유입으로 담수호는 쓸모없는 저수지가 되고 말았다.

수문을 막아 가둔 담수호에는 망둥어나 숭어, 붕어 따위나 살아간다. 가두어 놓아 썩어가는 물은 여름 장마철에만 방류된다. 그때 썩은 부유물들이 백령도 해안을 검은 띠처럼 감싸고 돈다. 백령도에서 만난 주민들은 간척지를 논으로 쓰지 못할 바에야 둑을 허물고 갯벌을 되살려 주기를 바라지만 요원한 일이다.

∞

두무진은 백령도의 최 서북단이다. 북한의 장연군 장산곶과 마주보고 있다. 두무진 앞 바다에는 금강산 만물상처럼 기암괴석들이 가득하다. 그래서 서해의 해금강이란 이름을 얻었다. 광해군 때 유배왔던 이대기는 두무진의 풍경에 매료되어 '늙은 신의 마지막 작품'이라고 찬탄하기도 했다.

하지만 이토록 아름다운 두무진이 오랫동안 왜구와 해적의 근거지이기도 했다. 1802년 간행된 '백령진지'는 두무진이 "해로의 지름길이요. 배 대기 편리하여 해적의 출입하는 문지방"이라 기록하고 있다. 백령진이 설치되면서 두무진 앞 낭떠러지 위에 기와로 요망대를 짓고 해적의 출몰을 감시했다. 일제 강점기에는 일본군이 망을 보던 망대가 있었다. 지금은 해군기지와 초소들이 들어섰다.

겨울 두무진, 옛 해적의 문지방을 넘는다. 오래 묵으면 바위에도 생명이 깃드는가? 사람들은 수억 년 무정한 바위에서 신선을 보고, 우애로운 형제를 보고, 해적으로부터 안전을 지켜 줄 장군을 본다. 겨울 두무진. 호명

당신에게, 섬

하면 바위에서 장군이 나오고, 신선이 나오고, 코끼리가 튀어나온다. 잠깐 눈 내리자 선대암, 신선대, 형제바위, 코끼리바위, 장군바위, 바위, 바위들 온통 눈에 덮여 세상은 어느새 설국이다. 다시 눈 그치고 햇빛 나자 설국은 또 흔적도 없다.

신비로움이란 한 꺼풀 눈이 덮인 것에 지나지 않다. 본질은 자주 신비의 포장 아래 은폐되지만 한 차례 소낙비나 햇빛으로도 쉽게 드러난다. 그럼에도 인간은 끊임없이 신비로움을 추구하며 살 수밖에 없는 존재다. 신비가 없다면 삶은 더 이상 신비로운 것이 아니기 때문이다. 인간은 현실에 눈 떠야 살 수 있는 존재인 동시에 신비에 눈 감고는 살 수 없는 존재다. 겨울 두무진, 사람들은 늙은 바위에서 용맹한 장군을 불러내고, 불사의 신선을 불러내고, 춤추는 코끼리를 불러낸다.

Travel Note

백령도에 두무진에서 유람선을 타 봐야 하지만 술 한 잔 생각이 나거든 꼭 콩돌 해변으로 가라. 거기 어부의 아내들이 직접 운영하는 포장마차 몇 곳이 있다. 철썩철썩 파도소리 들으며 백령도 홍합이며 소라, 해물전을 안주로 마시는 술은 꿀맛이다. 아, 그리고 백령도에서 점심은 반드시 장촌으로 가라. 거기 장촌 냉면집 아저씨가 홀로 식당을 하는데 백령도 메밀로 즉석에서 면을 뽑아 냉면을 만들어준다. 장촌 냉면 한 그릇이면 백령도를 통째로 맛볼 수 있다.

환생

사슴이 사자에게 먹히는 것은 사슴의 불행이 아니다. 슬픈 일이 아니다.
잠시 몸을 바꾸는 것이다. 사슴의 몸을 벗고 사자가 되는 것이다.
사슴의 살은 온전히 사자의 피가 되고 살이 된다.
존재가 죽음에게 먹히는 것은 죽는 것이 아니다.
어떠한 생명의 죽음도 죽음으로 끝나는 죽음은 없다.
사자의 죽음도 끝은 아니다.

사슴이 그랬듯이 마침내 들판에서 죽은 사자 또한 몸 바꾸어 독수리가 되고,
까마귀가 되고, 개미가 되고, 구더기가 된다.
풀이 되고 나무가 된다. 풀이 된 사자는 다시 사슴이 되고, 염소가 된다.
바다에 뛰어들어 죽은 사자는 물고기가 되고, 오징어가 되고, 바닷가재가 된다.
삼치가 되고, 홍어가 되고 완도 바다의 소라고둥이 된다.
아프리카 사슴이, 사자가 완도 섬사람이 된다.
중생들은 그렇게 환생 하고 윤회 한다.
바다로 간 섬 사람이 멸치가 되고, 장어가 되고, 갈치가 된다.
사람을 먹은 갈치가 밥상에 올라 또 다른 사람이 된다.

CHAPTER 3

그 섬에 그리움이 있었네

한국의 이스터 섬

여서도 | 전남 완도

당신에게, 섬

돌과 바람의 나라! 이 땅에서 돌담을 비롯한 돌문화의 원형이 가장 잘 남아 있는 곳은 단연코 여서도다. 오랜 시간이 흘렀지만 아직도 여서도에 첫 발을 딛었을 때의 그 생생한 감동을 잊을 수 없다. 압도적이고 놀라웠다. 많은 마을들이 과거 새마을 운동 때 돌담들을 허물어버리고 벽돌이나 블록 등으로 담을 쌓았다. 불과 삼사십 년이 지났을 뿐이지만 그런 시멘트 담들은 벌써 썩어서 무너지거나 보기 흉하다. 하지만 수백 년을 이어온 돌담들은 여전히 튼튼하고 멋스럽다. 그래서 뒤늦게 돌담의 가치를 깨달은 정부가 돌담을 문화재로 등록해 보호하고 있다. 하지만 문화재로 지정된 어떤 돌담도 여서도의 돌담 앞에서는 경의를 표해야 마땅하다.

여서도에서는 집뿐만 아니라 밭들도 돌담의 보호를 받고 있다. 보호막이 없으면 작물들이 자랄 수 없으니 밭에도 돌담을 쌓은 것이다. 집들만이 아니라 밭들까지 돌담으로 이어져 있는 여서도 마을의 돌담들은 마치 하나로 이어진 길고 거대한 성곽 같다. 성곽에 둘러싸인 성읍 국가 같다. 섬이 온통 돌담으로 둘러싸인 것

"더 적게 소유하고 더 많이 존재하라"

−스콧 니어링

당신에게, 섬

은 여서도가 제주와 완도 사이 큰 바다에 위치한데다 근처에는 바람을 막아줄 무인도 하나 없기 때문이다. 대양 한가운데 홀로 우뚝 솟은 섬. 오래된 삶의 흔적이 고스란히 남아 있는 여서도는 마치 사라진 잉카나 이스터 섬의 유적처럼 경이롭다. 그래서 처음 여서도 돌담을 목격한 뒤 나그네는 여서도를 '한국의 이스터 섬'이라고 명명했었다.

마을의 집들을 가르는 경계는 돌담이지만 그 돌담은 또한 이웃과 소통의 공간이기도 하다. 돌담 중간에는 네모난 구멍이 뚫려 있다. 물건을 주고받고 소식을 나누던 생활의 통로인 동시에 바람이 지나갈 수 있는 통로다. 저 통로로 얼마나 많은 이야기들이 오고 갔을까. 바람은 통로를 지나면서 또 얼마나 많은 이야기들이 묻어갔을까. 돌담들이 없이도 이 섬에 사람들이 살아남을 수 있었을까. 돌들은 섬의 수호신이다.

8000년 전 신석기 시대 유적이 출토되었을 정도로 여서도의 역사도 길다. 하지만 근세에 사람이 다시 들어와 살기 시작한 것은 17세기 말경부터다. 제주로 가는 항로의 중간에 위치한 여서도는 한때 작은 제주라 불렸다. 직선으로 가면 제주도 조천이 40킬로미터, 완도가 41킬로미터, 여수의 거문도까지는 30킬로미터다. 거리도 가깝고 풍토도 비슷했던 까닭에 여서도는 작은 제주라 했다. 여름에는 제주에서 수박이나 과일들을 싣고 가던 돛단배(風船)들이 여서도에서 바람을 기다렸고 가을이면 전라도 강진에서 옹기를 싣고 온 풍선들이 바람을 기다렸다. 제주의 고기잡이배들도 많이 들락거렸다. 심지어 제주 어부들은 제주식 뗏목인 테우(뗏배)를 타고 큰 바다를 건너와 자리돔을 잡아가기도 했었다. 제주 해녀들도 자주 물질을 왔다. 물질 온 해녀들은 때로 몇 달씩 방을 얻어 살면서 물질을 했고 그러다 자연스럽게 여서도 총각들과 눈이 맞아 눌러 살기도 했다. 금방 가려고 왔다가도 물결이 거세 오래 붙들려 있기 일쑤였다. 그래서 한때 제주에서는 "해녀가 여서도 가면 애 배야 나온다."는 말이 떠돌기도 했다.

∞

여서도에는 한때 300가구까지 살았던 적도 있다. 인구가 줄어 193세대였던 1968년도만 해도 여서 국민학교의 학생수가 180명이나 됐었지만 지금은 단 한 명도 없다. 완도의 섬이지만 과거에는 여서도 사람들에게 완도가 아니라 여수가 생활권이었다. 어선들이 여수로 고기를 팔러 다녔고 여수에서 생필품을 사들여 왔다. 뭍과 다리가 놓이기 전에는 완도 또한 섬이었으니 생필품의 공급이 원활하지 않았고 대도시와의 교통도 불편했다. 그래서 교통이 편리한 여수로 육지 나들이를 했던 것이다.

과거 여서도는 어업이 주업이었지만 사람이 많이 살았던 까닭에 농사 또한 많았다. 지금은 대부분 묵정밭이 됐지만 산비탈은 물론 산꼭대기까지 개간해 작물을 심었다. 얼마나 많은 다락밭들이 있었던지 외지에서 시집온 며느리가 3년이 지나도 자기 밭을 찾지 못해 헤맸다는 우스갯소리가 있을 정도였다.

돌담길을 따라 동쪽 능선을 오른다. 이 섬도 위성 안테나 덕분에 텔레비전 시청이 편리해졌다. 하지만 대부분의 주민들은 여전히 구형 안테나를 장대에 매달았다. 바람을 피해 여러 가닥의 끈으로 안테나를 붙들어두었으나 위태롭다. 안간힘을 써도 안테나가 잡을 수 있는 전파란 기껏 한두 개다. 이 길목에는 사람의 집보다 밭이 더 많다. 많은 집들이 폐가다. 사람이 다니지 않는 돌담길은 다른 세계로 들어가는 통로처럼 낯설고 신비롭다. 현세가 아니라 과거의 어느 시간 속을 걷는 듯하다.

여서도의 주산은 여호산(352미터)이다. 섬 전체가 여호산이라 해야 옳을 듯하다. 마을은 여호산 산자락에 기대 자리 잡았다. 여호산 등산로를 따라 걸으면 섬을 한 바퀴 일주할 수 있다. 산정으로 가는 길은 가파르다. 작은 섬의 산이라고 가볍게 생각할 일이 아니다. 산길을 걷고 싶은 사람은 단단한 채비를 차려야 한다. 산정에 오르니 소모도, 대모도, 청산도, 소안도 등 완도의 섬들이 아스라하다. 구름에 쌓여 오늘은 제주도가 보이지 않지만 맑은 날에는 손에 잡힐 듯이 가깝다.

여호산 산정에서는 길을 잃기 쉽다. 정상에서 하산 길이 이어지지 않기 때문이다. 한참을 헤매다가 왔던 길을 다시 되돌려 KT 중계탑 부근에서 길을 찾았다. 당산 숲 방향으로 하산을 하다가 해양사의 중요한 유적 하나를 만났다. 여서도 요망대(瞭望臺)다. 돌담으로 쌓아 만든 요망대는 아름다운 돌 건축물처럼 보이지만 실은 군사시설이다. 높은 곳에서 적의 동정을 살피는 곳이 요망대인데 감시초소인 셈이다.

여서도 요망대는 조선조 말 대원군시절 이양선의 출몰을 감시하기 위해 만들어졌다. 요망대는 둘레가 약 20미터로 바깥 높이가 1.5미터 정도인데 내부의 바닥에는 구들장이 놓여 있다. 추운 겨울 요망대를 지키는 봉군들이 추위를 이기기 위해 깔아놓은 것이다. 요망대 아래쪽에는 봉군들이 숙식하던 집터가 남아 있다. 일제 강점기에 요망대는 일제의 파수대 역할을 했다. 해방 직전까지도 섬 주민들이 봉군으로 차출되어 요망대 근무를 했고 서양 선박을 발견하면 지서의 일본인 순사에게 보고 하는 것이 주된

임무였다.

    요망대에서 마을 방향으로 내려가는 길목에 여서도의 당산 숲이 있다. 마을 윗당이다. 당산 숲의 경계는 돌담을 쌓아 신성한 영역임을 표시했다. 거목들이 그늘을 드리운 당산 숲은 신령하기 그지없다. 예전만큼은 아니지만 여전히 섬사람들은 이 숲을 신성하게 여기고 해마다 당제를 올린다. 당산 숲을 지나 마을로 접어드니 작은 개울이 흐른다. 개울에는 돌다리와 돌우물이 온전하다. 뭍에서라면 이미 흔적도 남아 있지 않았을 것이다. 참으로 소중한 유물이다.

    여서도는 겨울에 가야 제격이다. 이때라야 돌담을 뒤덮은 넝쿨들이 사라지고 돌담들이 온전한 제 본색을 다 드러내는 까닭이다. 여서도의 주산 여호산 등산로 곳곳에 똬리를 틀고 해바라기를 즐기던 뱀들도 모두 겨울잠을 자러 들어가 여서도의 숲길이 안전하기 때문이기도 하다.

Travel Note

여수가 머리끝까지 차올라 먼 이방으로 떠나고 싶을 때는 여서도로 가라. 여서도는 어느 머나먼 나라 띤 세상 같다. 여서노는 먼 바다 한가운데 있는 섬이다. 여서도 같은 먼 바다의 섬들을 갈 때는 기상예보에 특별히 신경을 써야 한다. 여서도 돌담들의 진면목을 볼 수 있는 때는 담쟁이덩굴이 사라지고 없는 늦가을부터 초봄까지다. 여호산에는 뱀이 많으니 등반 시에는 특별히 주의해야 한다. 완도에서 출항한 여서도행 여객선이 청산도를 들렀다 간다. 시간 여유가 있다면 청산도와 여서도를 묶어서 함께 가는 것도 좋은 방법이다.

떠도는 것은 마음이다!

마라도 | 제주 서귀포시

 아주 오랫동안 마라도를 외면했었다. 국토 최남단이라는 상징성 때문에 마라도는 독도와 함께 가장 유명한 한국의 섬 중 하나다. 그래서 그 작은 섬이 밀려드는 단체 관광객들로 늘 북새통을 이룬다. 어떤 날은 서울역 대합실이 무색할 정도다. 하지만 내가 마라도에 발길을 끊었던 것은 그 때문이 아니다. 마라도를 가득 매운 골프카 때문이었다. 걸어서 한 바퀴 돌아도 30분이면 족할 정도로 마라도는 작은 섬이다. 그런 섬을 차로 다니게 만드는 그 얄팍한 장삿속이 얄미웠던 것이다. 골프카 때문에 마라도 주민들 간의 분쟁도 끊이지 않았다. 그러던 어느 날 마라도에서 골프카가 말끔히 사라졌다. 섬은 다시금 평화를 찾았고 섬의 여백도 되살아났다.
 마라도는 가파도 만큼이나 평평하다. 산은커녕 구릉조차 없다. 마라도에는 제대로 된 숲도 없다. 인공조림으로 소나무들을 조금 심었으나 바람 때문에 성장이 더디다. 본래부터 마라도가 민둥한 땅은 아니었다. 사람들이 살기 전 마라도는 원시림으로 덮인 울창한 숲이었다. 해금령이 풀리고 마라도에 사람들이 다시 이주해 살기 시작한 것은 1883년 무렵이었다. 도박으로 가산을 탕진한 어떤 사람이 살길을 찾아 탄원을 한 끝에 허락을

받아냈다. 처음 섬에 들어온 도박꾼과 일행이 몇 뙈기밭을 일구기 위해 수천 년 원시림을 모조리 불태워 버렸다. 마라도의 모든 것을 태우는 데 석 달 열흘이 걸렸다는 전설은 과장이 아닐 것이다. 천 년 세월이 불타는 데 석 달이 길다 하겠는가. 나무를 다 없애 버렸으니 섬에는 땔감이 없었다. 그래서 연료를 얻을 목적으로 소를 길렀다. 유목민들처럼 소똥을 주어다 넓적하게 빚어 돌담이나 잔디밭에 널어 말린 뒤 땔감으로 썼다. 전기가 없고 등잔 기름이 없던 시절에는 빅게(수염상어)와 도롱이(불범상어)를 잡아 내장을 끓인 뒤 기름을 만들어 불을 밝히기도 했다. 지나간 시절의 옛이야기다.

마라도에는 그 상징성 때문에 3대 종단의 신전이 다 들어서 있다. 불교의 사찰과 천주교 성당, 개신교 교회가 그것이다. 사람들은 이들 종교시설을 찾아가서 사진을 찍기 여념이 없다. 하지만 정작 오랜 세월 마라도를 지켜온 토착신의 신전에는 일말의 관심조차 두지 않는다. 토착신의 신전은 번듯한 건물 하나 없기 때문이다. 이 신전은 마라도 들머리 오른쪽 해변에 있는 애기업개 당이다. 제주는 신들의 왕국이다. 무려 1만8천의 신들

떠도는 것은 마음이다

몸이 어느 곳에 있는 가는 중요하지 않다.
사람의 몸을 붙들어 매는 것은 장소가 아니다.
마음이다.
마음이 깃들지 못하면 사람은 있어도 있는 것이 아니다.
떠도는 것도 실상은 몸이 아니라 마음이다.

이 거처한다. 마을마다 마을신들이 따로 있다. 마라도의 신은 애기업개다. 마라도에 가거든 잊지 말고 애기업개당을 찾아가시라. 거기 섬의 신화와 역사가 다 들어 있다. 애기업개는 오랜 세월 섬의 수호신이었다. 살아서 처참했으나 죽어서 신이 된 여자아이.

∞

옛날 가파도와 마라도에 사람이 살지 않던 시절, 모슬포 사는 이씨 여인이 버려진 여자아이를 발견했다. 여인은 관에 신고했으나 부모를 찾지 못했고 아이는 여인에게 맡겨졌다. 아이가 없던 여인은 딸처럼 길렀다. 아이가 여덟 살 되던 해 여인은 아이를 낳았다. 주어다 기른 아이는 애기업개가 되었다. 애기업개는 구성진 소리를 잘도 했다. 갓난아이가 울 때면 애기업개는 아이를 업고 어르며 자장가를 불러 주었다.

"아가 아가 우지마라. 아방 있고 어멍 있는 아가 너 왜 우느냐."

애기업개는 울음을 삼키며 아이를 달랬다. 그 무렵 마라도는 사람의 출입을 금지하는 금(禁)섬이었다. 섬 주변에 해산물이 넘쳐나도 물살이 거세 좀처럼 들어갈 수 없었다. 하지만 매년 봄 망종 때부터 보름간은 물살이 없어 입도(入島)가 허가되었다. 어느 봄 모슬포의 '잠수'들이 테우를 타고 마라도로 들어갔다. 테우 주인인 이씨 부부는 아이와 열세 살이 된 애기업개를 함께 데리고 섬으로 갔다. 잠수들은 지천으로 널린 해산물을 손쉽게 건져 올렸다. 식량이 다 떨어질 즈음 잠수들은 떠날 채비를 했다. 테우가 섬을 벗어나려 하자 갑자기 거센 바람이 불었다. 떠날 것을 포기하고 섬으로 돌아오니 바람은 잠잠해졌다. 다시 떠나려면 또 바람이 거세졌다.

그러기를 여러 날 반복했다. 잡아놓은 해산물까지 다 먹고 없어졌다. 물과 양식이 아주 바닥나 버린 날 저녁 잠수들은 기어코 내일은 떠나기로 결정했다.

다음날 아침, 가장 연장자인 잠수가 꿈 이야기를 했다. "어젯밤 꿈에 애기업개를 두고 가지 않으면 모두 물에 빠져 죽는다."고 했다. 테우의 주인 이씨 부인 또한 같은 꿈을 꾸었다. 잠수들은 애기업개를 놓고 가기로 결정했다. 이씨 부인은 기저귀 하나를 걸어놓았다. 테우에 사람들이 오르자 다시 바람이 일기 시작했다. 이씨 부인은 애기업개에게 기저귀를 걸어오도록 시켰다.

애기업개가 기저귀를 가지러 간 사이 테우는 떠나갔다. 애기업개는 살려달라고 애원했지만 테우는 돌아오지 않았다. 그 뒤 3년 동안 사람들은 죄책감으로 마라도에 가지 못했다. 3년 후 사람들이 다시 마라도에 들어갔을 때 애기업개는 백골이 되어 있었다. 잠수들은 뼈를 거두어 묻었다. 후일 마라도에 사람들이 들어와 살기 시작했을 때 한 노인의 꿈에 자꾸 애기업개가 나타났다. 섬사람들은 애기업개가 죽은 자리에 당을 만들고 제를 지내기 시작했다.

애기업개당은 처녀당, 할망당이라고도 한다. 커보지도 못하고, 늙어보지도 못하고 죽은 아이가 처녀가 되고 할머니가 되었다. 섬의 수호신으로 자라난 것이다. 나그네는 애기업개당에서 십자가에 못 박혀 죽은 뒤 전능한 신으로 모셔진 예루살렘의 사내를 본다. 예수나 애기업개나 그들은 사후에도 시달림에서 벗어나지 못한다. 사람들은 죽은 사내와 아이를 신으로 모시고 온갖 소원과 부탁을 청하며 영혼이 한시도 안식할 틈을 주지 않는다. 애기업개당은 1995년 무렵 한차례 수난을 당하기도 했다. 어떤 기독교인이 미신이라는 이유로 당을 망가뜨렸다. 그는 그것이 자신의 신전을 파괴하는 일과 다르지 않음을 끝내 몰랐을 것이다.

제주 어느 곳처럼 마라도에도 집 근처에 무덤이 있다. 제주만이 아니다. 섬에서는 대문 밖에다 무덤을 쓰는 일도 흔하다. 무덤은 밭 가운데도 있고 뒷마당에도 있다. 땅이 부족한 탓이기도 하지만 그보다는 섬사람들이 죽음에 거리낌이 없기 때문이다. 어젯밤에 함께 술 마시던 친구가 오늘 죽었다 해서 통곡하는 모습을 본 적이 없다. 섬사람이 본래 무정해서 그런 것은 아니다. 섬사람들에게는 죽음도 일상인 까닭이다. 죽음을 가볍게 여기는 것이 아니라 죽음에 담박한 것이다. 생사불이(生死不二)를 늘 목전에서 보고 사는 삶. 삶의 터전이며 생명의 밭이기도 한 바다가 언제든 죽음의 수렁이 될 수도 있다. 바다가, 바람이, 풍랑이 섬사람들로 하여금 생사불이의 화두를 깨치게 한 것이다.

Travel Note

국토 최남단이라는 상징성 때문인지 마라도에는 여러 종교의 신전들이 들어와 있다. 다들 화려하고 멋스러운 건물들이다. 하지만 마라도에서 가장 오래된 신전은 애기업개당이다. 비 가릴 지붕 하나 없지만 그 성스러움은 어느 종교의 신전에도 뒤 떨어지지 않는다. 종교를 떠나서 꼭 한번 찾아가 경배해야 할 마라도의 수호신이 애기업개다. 애기업개당 앞에 선다면 신들의 거처는 웅장한 건물이 아니라 세상의 가장 미천한 밑바닥임을 깨닫게 될 것이다.

동백이 그리울 때는 홍도로 가라!

홍도 | 전남 신안

　기화요초가 만발하는 봄이지만 나그네의 눈에는 여전히 동백만 들어온다. 오히려 동백의 시절이 저물어가는 것이 애절할 뿐. 편애는 편파가 아니라 집중이다! 사람들은 대체로 홍도의 기암괴석만을 기억하지만 실상 홍도는 최고의 동백섬이다. 홍도는 섬이면서 그 자체로 하나의 산이다. 동백나무가 유독 많은 홍도의 깃대봉은 한국의 100대 명산으로 꼽힌다. 산은 가팔라 보이지만 오르막은 잠깐이다. 마을에서 한 시간이면 산정에 이를 수 있다. 봄날 깃대봉 산정에 이르는 길은 그대로 동백터널이다. 동백의 화원, 동백의 전시장이다. 큰 바다 한가운데 있어 어느 섬보다 산자수명한 까닭일까. 홍도의 동백은 화려하기 이를 데 없다. 단지 화려한 것이 아니라 고결함까지 겸비했다! 어찌 편애하지 않을 수 있을까.
　동백의 터널을 지나다보면 숯가마 터가 나온다. 정숙 숯굴. 한때 정숙이란 사람이 운영하던 숯가마 터다. 과거 섬에서는 수산물보다 나무가 더 큰 가치를 지녔다. 화석연료가 보급되기 전까지는 난방과 취사에 나무는 절대적인 연료였다. 섬사람들은 산판에서 땔감을 구했고 더러는 숯을 구워 팔아 식량과 소금 등 생필품을 사왔다. 홍도는 고대부터 서해 횡단항로의 중

간 기착지였다. 그래서 홍도 숯가마의 역사는 천 년을 훌쩍 넘는다. 신라와 당나라간의 무역선들도 홍도에 들러 연료용 숯을 샀다. 어선들도 취사용으로 숯을 사갔다. 일제강점기에는 참나무가 많은 홍도가 숯의 강제 공출에 시달렸다. 기차와 무기의 연료로 쓰기 위해서였다. 그때는 홍도에만 30곳이 넘는 숯가마가 있었다. 천 년을 이어오던 숯가마의 역사는 석유와 연탄이 보급되기 시작한 1970년대 초에 끝이 났다. 숯가마가 있어도 이제 더 이상 숯을 만들 수는 없다. 한 그루의 나무도 베어내면 안 되는 천연기념물이고 국립공원이기 때문이다. 깃대봉 정상. 오늘은 운무가 가득해 섬들이 살짝 살짝 그 자태를 드러냈다 감추길 반복하지만 맑은 날이면 흑산도와 만재도, 가거도 등 신안의 섬들이 수놓는 풍경이 선경을 방불케 한다.

홍도에는 깃대봉 말고도 또 하나 아름다운 숲이 있다. 홍도1구 죽항마을 당숲이다. 깃대봉 산행과 유람선을 타느라 바쁜 여행자들은 대부분 이 숲을 놓치기 쉽다. 당숲에는 신당이 있다. 천 년을 이어온 당숲은 홍도 사람들의 성지다. 마을 공동체의 안녕과 평화를 기원하며 제사를 모시던 당숲. 당숲에서는 3백 년이 넘는 동백나무 고목들과 잣밤나무 등의 상록수가 신

령스러운 기운을 뿜어낸다. 과거 홍도 사람들은 매년 정월 초사흘이면 당숲으로 와서 제를 올렸다. 위쪽의 동백나무 신목 아래서 산신제를 모시고 아래쪽의 잣밤나무 신목 아래서는 당할아버지 신에게 제를 올렸다. 늘 위태로운 멀고 큰 바다를 건너야 했으니 그 정성이 지극할 수밖에 없었을 것이다. 하지만 천 년을 넘게 이어오던 당제는 1970년대 초 미신타파를 내세우면서 전통문화를 말살했던 새마을 운동의 여파로 사라졌다. 신당도 허물어졌다가 2007년에 이르러서야 다시 복원됐다. 늦었지만 다행이다.

∞

270여 종의 상록수와 170여 종이나 되는 동물들의 서식처인 홍도는 1965년부터 섬 전체가 천연기념물이다. 한 마디로 보물섬이다. 석양녘이면 섬의 절벽은 홍의를 입은 것처럼 붉게 물든다. 그래서 옛날에는 홍의도라 했었고 지금은 또 홍도다. 홍도에는 1구와 2구 두 개의 마을이 있다. 섬은 5백여 주민들의 터전이다. 1970년대 이후 홍도 1구는 주민 대다수가 관광업에 기대고 산다. 2구는 어업이 주업이다. 주민 400여 명이 사는 작은 섬에 성수기 때는 하루 1000명이 넘는 외지인이 몰려와 인산인해를 이룬다. 하지만 이때만 피하면 한가로운 홍도를 만끽할 수 있다. 그래서 유명 관광지인 섬들은 성수기를 피하는 것이 상책이다.

홍도를 찾는 여행객들은 대부분 관광유람선을 탄다. 홍도의 기암괴석이 연출하는 극상의 풍경에 이르는 길은 오로지 선상 유람을 통해서만 가능하다. 명불허전. 홍도 주변을 수놓은 기암괴석들은 마치 신들의 정원처럼 신비롭다. 바위마다 깃들어 있는 이야기를 듣다보면 홍도 여행은 그야말로 전설의 여행이 된다. 유람선은 느리게 섬을 돌며 관광객들에게 사진 찍을 시간을 배려해 준다. 유람선 선장은 방송을 통해 여행객들의 안전을 당부한다.

"잘 보씨오. 가족관광 왔으께 갈 때까지 조심, 조심, 조심이요. 그리고들 절대 바다에 쓰레기 버리지 마씨요잉. 자연은 우리 것이 아니고 우리 후손들 것을 빌려 쓰는 것잉께"

거문도 백도와 백령도 두무진 해상처럼 홍도 바다에는 기이한 형상의 바위와 동굴들이 즐비하지만 그 스케일은 두무진이나 백도를 압도한다. 풍경은 감탄을 자아내기 충분하다. 유람선이 주전자 바위 부근을 지나자 늙은 관광안내원이 사진 찍을 준비를 하라고 일러준다. 주전자는 손잡이가 없다. 안내원의 해석이 기발하다.

"왜 손잡이가 없냐. 있으면 육지 사람들이 들고 갈까 봐 우리가 짤러 부렀소."

홍도의 바위들도 저마다 신화와 전설을 간직하고 있다. 홍도 33경이 모두 신화의 무대이고 전설의 고향이다. 저 시루떡 바위가 홍도 13경이고 저 주전자 바위는 14경이다. 두 바위는 곁에 있어서 같은 전설을 남겼다. 신들의 시대, 서해의 용왕이 충성스런 신하들을 위해 주연을 베풀었는데 그때 남은 시루떡과 술을 담았던 주전자가 굳어져 시루떡 바위와 주전자 바위가 됐다. 친절한 용왕이 있어서 섬사람들을 지켜주기를 바라는 마음이 전설을 잉태했을 것이다. 시루떡과 술 주전자는 바다의 수호신 용왕이 있다는 명확한 증거가 아닌가! 증거가 있으니 섬사람들의 해신에 대한 믿음은 깊어지지 않을 도리가 없었을 것이다.

홍도 18경, 부처님 바위 앞을 지나는데 마이크를 든 늙은 안내원이 또 한마디 툭 던진다.

"쩌그 바위는 스님이고 마리아 바위요. 알아서들 자기 신앙으로 보씨오."

안내원의 말씀은 종교의 본질을 파악한 선지식의 법어다. 같은 바위도 불자가 보면 부처님이고 가톨릭 신자가 보면 성모상이다.

∞

홍도에 처음으로 사람이 들어와 살았던 대풍금 부근 해상. 어디선가 작은 어선 한 척이 유람선 곁으로 쏜살같이 달려와 밧줄을 던진다. 두 배는 하나로 엮였다. 순간 어선은 선상 횟집이 된다. 바다의 노점. 바다의 포장마차다. 선상 횟집의 일꾼은 넷. 아비와 아들들일까. 노인은 부지런히 배를 가르고 청년 하나는 포를 뜨고 또 한 청년은 회를 썰어 도시락에 담고 마지막 청년은 초장과 함께 회 도시락을 판매한다. 유람선 선장은 흥겨운 음악을 틀어 판매를 돕는다. 졸거나 잠에 취해 있던 사람들까지 눈을 번쩍 뜨고 회를 사러 몰려든다. 도깨비시장 같은 선상 횟집의 도시락은 순식간에 동이 나고 어선은 멀어져 간다.

유람선은 어느덧 해상관광의 끝자락에 도달했다. 유람선을 붙든 것은 슬픈여 바위다. 일곱 개의 크고 작은 바위섬이 나란하다. 자연은 저토록 아름다운 풍경으로 서 있지만 사람은 거기서 자신의 슬픔을 읽는다. 섬사람들에게 바다는 삶의 터전인 동시에 칠성판이기도 했다. 섬사람들이 강인한 것은 그토록 모진 세월을 살아낸 사람들의 후예이기 때문이다.

마침내 짧은 유람의 시간이 끝나간다. 잔잔하던 바다에 물결이 일렁이고 먹구름이 몰려온다. 이 바다에서 문득 지나온 삶을 돌아본다. 나는 정말 살았던 것일까. 내가 살았던 것이 삶이었을까. 혹시 꿈은 아니었을까. 나는 늘 지나간 삶이 실제 같지 않다. 지나간 것은 모두가 꿈인 듯도 하고 전생인 듯도 하다. 그렇구나! 잠깐 꿈을 꾸었던 것이구나. 유람선이 홍도 포구로 입항한다. 이제 돌아갈 때가 온 것이다.

Travel Note

홍도는 마치 세계 명작 문학 작품 같은 섬이다. 너무나 익숙한 섬이라 안 가봤지만 마치 한 번쯤 가 본 섬처럼 느껴진다. 귀에 박히게 들은 명작이 읽어보지 않았는데도 읽어본 듯한 기분이 드는 것과 같다. 그럼에도 홍도는 꼭 한 번쯤 가 봐야 할 섬이다. 성수기인 봄, 가을 주말이나 연휴, 여름 휴가철에는 서울역 대합실처럼 사람이 몰려드니 이때는 피하는 것이 상책이다. 홍도는 봄, 가을의 평일이라야 제대로 볼 수 있다. 특히 4월 동백꽃이 만개한 홍도는 마치 천상의 화원 같다. 깃대봉까지 등산도 꼭 해야 하고 해상 유람선도 꼭 타 봐야 한다. 그래야 홍도를 제대로 봤다 할 수 있다. 아 참, 홍도 1구 죽항마을 당산 숲은 신령스럽기 그지없다.

함께이기 때문에 외로운 것이다

대청도 | 인천 옹진

    역사왜곡 논란 속에서도 인기리에 방영됐던 드라마 '기황후' 속 기승냥의 남편이자 원나라 마지막 황제인 순제(順帝: 재위 1333~1370), 토곤 테무르(타환)의 흔적이 이 땅에도 남아 있다. 즉위하기 전 타환은 1년 5개월간 고려로 유배당했는데 그곳이 바로 대청도다. 기황후는 원나라에 공녀로 끌려가서 황후가 된 고려 여인이다. 대몽 항쟁을 벌이던 고려가 원나라에 항복한 뒤 공녀와 환관에 대한 징발이 시작됐다. 고려 고종 18년(1231년) 공녀 1000여 명을 시작으로 100여 년 동안 고려출신의 수많은 공녀와 환관들이 원나라로 끌려갔다. 귀족의 딸이라고 예외가 아니었다. 공녀들은 출신 성분에 따라 왕족이나 고관들의 처첩이 되기도 하고 유곽에서 몸을 파는 창기로 내몰리기도 했다. 목은 이색의 아버지이기도 한 고려 말의 유학자 가정 이곡(1298~1351)은 '공녀반대 상소문'을 올렸다.

    "공녀로 뽑히면 원통하여 우물에 몸을 던져 죽는 사람도 있고, 스스로 목을 매어 죽는 사람도 있습니다. 피눈물을 흘리며 눈이 멀어버린 사람도 있습니다."

    공녀로 끌려가는 여인들의 참혹상은 말로 형언하기 어려웠다. 일제가

정신대란 이름으로 조선 처녀들을 납치해 간 것과 다르지 않았을 것이다. 어느 시대나 침략전쟁의 가장 큰 희생양은 여자들이었다. 고려 때 사람 기자오의 막내딸 기씨녀 또한 그렇게 공녀로 징발돼 갔다. 공녀인 기씨녀가 원나라 황후가 된 데는 고려출신 환관 고용보의 조력이 컸다. 고용보는 자신의 정치적 입지를 다지기 위해 기씨녀를 황제의 다과를 시중드는 궁녀로 만들었다. 고용보와 또 다른 고려출신 환관 박불화 등의 협력으로 기씨녀는 왕실 권력 투쟁에서 승리해 순제의 제2황후가 됐고 나중에는 제1황후 자리에까지 올랐다.

기황후는 1353년, 자신의 아들 아유시다라가 황태자로 책봉되자 원 왕실의 재정과, 군사권까지 장악하고 원나라 멸망 때까지 30여 년간 권력을 누렸다. 기황후는 고려에서 징발하는 공녀제도를 폐지시켰다. 원나라가 주원장에게 함락되면서 몽골 고원으로 쫓겨 간 이후 기황후의 생애는 알려진 바가 없다. 하지만 그녀의 아들 아유시다라는 몽골 내륙에 세워진 북원의 초대 황제 소종이 됐다.

이중환의 〈택리지〉에 기황후의 남편인 원 순제가 대청도에 살았다는 기록이 남아 있다.

"원 나라 문종(文宗)이 순제(順帝)를 대청도로 귀양 보낸 일이 있었다. 순제는 집을 짓고 살면서 순금 부처 하나를 봉안하고 매일 해 돋을 때마다 고국에 돌아가게 되기를 기도하였는데, 얼마 후 돌아가서 등극하였다… 순제가 심었던 뽕나무, 옻나무, 쑥, 꼭두서니 따위가 덤불 속에서 멋대로 자라다가 저절로 말라비틀어지고, 궁실의 섬돌과 주추 자리가 지금도 완연하다."

-이중환, 〈택리지〉 팔도 총론

1330년 원나라의 권신 엔터무르가 권력을 장악하기 위해 순제의 아버지 명종을 암살했다. 그때 명종의 태자였던 토곤 테무르(순제)는 대청도로 유배 보내졌다. 1년 5개월 간 대청도에서 유배살이를 한 토곤 테무르는 원으로 돌아가 원나라 마지막 황제인 순제로 등극했다. 택리지의 기록을 뒷받침하는 전설이 대청도에도 전해진다. 대청도의 전설은 태자가 계모의 모함을 받아 쫓겨난 것으로 변용되었다. 전설은 지금의 대청 초등학교 자리가 순제가 살던 집터였고 대청도의 주산인 삼각산도 순제에서 비롯되었다고 전한다. 궁궐터였다는 곳에서는 기왓장도 발굴되었다. 원나라 침략기의 제주도처럼 대청도나 백령도 또한 원 지배계급의 유배지였다는 기록들이 남아 있으니 택리지의 기록은 믿을 만한 전언이다.

∞

대청도 옥죽포에는 사막이 있다. 사막처럼 거대한 모래언덕이 있다. 바다 바람에 날려 온 모래가 쌓이고 쌓여 생긴 모래 언덕이다. 바람이 불면 마구잡이로 날아드는 이 언덕의 모래들이 한때는 옥죽포 주민들의 생존을 위협했다. 그래서 나무를 심었고 한때 몇 킬로미터에 이르던 모래언덕이 지금은 아주 많이 줄어들었다. 그래도 대청도 모래언덕은 그 유명한 우이도 모래언덕보다 크다. 이 모래언덕은 대청도의 사막이다. 대청도 사막에 가면 사람들은 사막은 사막이 아니란 것을 알게 된다. 숨구멍 하나 없는 아스팔트 세상이야말로 진짜 사막이란 사실을 알게 된다. 사막이야말로 비로소 막혔던 숨통 터주는 오아시스란 사실을 깨닫게 된다. 낙타보다 튼튼한 두 다리로 걸어서 가자. 대청도 옥죽포 사막으로 가자.

오늘 대청도 모래사막에 외래종 풀 제거 작업을 나온 어머니들은 옛날 섬에서 부르던 민요를 불러준다. 옥죽포 마을 어머니들은 방아타령을 부르며 그 모진 사막의 세월을 건너왔다.

"아침 방아 찧어라
저녁 방아 찧어라
콩당콩당 찧어라
콩콩 찧어라
잘도 잘도 찧는다"

사막을 갈아 자식들 먹이고 키운 우리 어머니들 방아 찧는 소리다.

"방아 방아 찧어라
아침 멕이 찧어라
저녁 멕이 찧어라
콩당콩당 찧어라
알콩달콩 노놔서
너도 먹고 나도 먹어보자"

북한 땅 장산곶이 건너다보이는 대청도에서 어머니들에게 무서운 것은 북한이 아니다. 호랑이보다 무서운 삶이다.
"북한 가까워 무섭다 하지 그게 아냐 아무렇지도 않아"

모래바람 몰아치는 사막에서 어머니들은 오늘도 풀을 매고 살아간다.

∞

　대청도 미아, 농여 해변에는 시간의 화석이 있다. 만 권의 책으로도 모자랄 지상의 비밀들, 차곡차곡 쌓인 시간의 화석이 있다. 대청도 미아, 농여 해변에는 열반에 든 물고기가 있다.
　바다는 바다 생물들의 자궁인 동시에 무덤이다. 물고기는 제가 놀던 물속 모래밭에서 전설의 고승처럼 선채로 적멸에 들었다. 이제 물고기는 한때 제 먹이였던 것들의 먹이가 될 것이다.
　미아, 농여 해변에는 시간을 거스르는 물살이 있다. 수억 년 풍파를 견뎌낸 바위들, 풍파를 못 이기고 부서져 모래알이 된 바위들. 이 해변에는 바위도 먼지가 되고 물고기도 먼지가 되고 사람도 먼지가 되는 시간의 지층이 있다. 미아, 농여 해변 시간의 화석에는 먼지에서 와서 먼지로 돌아가는 저 바위와 모래와 물고기와 사람들. 모두 한 뿌리에서 와서 한 뿌리로 돌아가는 우주가 있다. 물고기와 바위와 모래와 사람과 해파리가 모두 한 형제라는 깨달음의 지층이 있다.

∞

　안개의 계절이 돌아왔다. 대청도 사탄동 마을이 안갯속으로 사라져 버렸다. 마을은 사라진 것이 아니라 잠시 안개의 군단에게 자리를 내준 것일 테지. 하지만 나는 마을이, 해변이, 푸른 소나무들이, 바다와 산과 하늘이 안개 속으로 아주 사라져 버렸으면 좋겠다. 안갯속으로 사라진 마을

당신에게, 섬

과 사람과 염소와 소나무와 백사장. 모든 것이 사라져 버린 다음에야 문득 깨닫는다. 내가 고독에서 벗어나기 위해 혼자 남겨지길 원했구나. 사람은, 존재는 혼자이기 때문에 외로운 것이 아니다. 함께이기 때문에 외로운 것이다. 존재들 속에서 문득 혼자인 자신을 발견하기 때문에 외로운 것이다. 함께 있어도 함께가 아닌 것들. 사람들, 염소들, 푸른 소나무와 흰 모래 알갱이들, 마을길과 바다와 산들. 은수자가 사막의 모래폭풍을 견디며, 외로움에 미쳐 버리지 않고 몇 십 년을 살 수 있는 까닭을 이제야 알겠다. 혼자서는 결코 외로울 수도 없는 것이다.

Travel Note

대청도에서 매일 달리기를 해 섬을 한 바퀴씩 돈다는 군부대장을 만난 적이 있다. 아스팔트 도로이긴 하지만 걸어서 한 바퀴 돌아볼 만한 크기란 뜻이다. 급하게 차로 돌아보는 것은 대청도처럼 가기 어렵고 먼 섬에 대한 예의가 아니다. 천천히 걸어도 하루면 족하다. 옥죽포 사막에서도 놀고 사탄동 백사청송 해변에서도 주저앉아 놀아야 한다. 군사지역이라 오랜 세월 접근 어려워 원시의 자연이 그대로 보존되어 있는 미아, 농여 해변에서는 마음의 모든 짐을 다 내려 놓고 종일 그 맑은 물만 바라보아도 좋다.

남해 바다의 인어, 설운 장군

수우도 | 경남 통영

사람들은 인어라면 대체로 긴 생머리의 서양 인어를 먼저 떠올린다. 안데르센의 동화 인어공주의 영향 때문일 것이다. 하지만 동양에서도 인어의 전설은 광범위하게 유포되어 있었다. 중국의 기서 〈태평광기〉에 등장하는 인어도 서양 인어처럼 미녀다.

"바다의 인어는 사람같이 생겼는데 눈썹, 눈, 코, 입, 손톱이 모두 아름다운 여인이다. 살결은 옥같이 희고 머리털은 말꼬리처럼 치렁치렁하며 길이가 5~6척이다."

〈산해경〉에도 용어, 능어, 제어 등 수많은 인어들이 등장한다. 한국 바다 곳곳에도 인어의 전설이 서려 있다. 인천의 장봉도에는 그물에 걸려든 인어가 애처로워 놓아주었다는 어부의 목격담이 전해지고 정약전의 〈자산어보〉에도 옥붕어란 인어 이야기가 나온다. 심지어 여수 거문도의 전설에는 인어공주를 닮은 긴 생머리의 여자 인어 '신지끼'까지 등장한다.

동서고금을 막론하고 남자들의 미녀에 대한 판타지는 거의 같다. 그래서 과학적으로는 허황된 이야기일 뿐이지만 신화나 전설의 소재로 더없이 매혹적인 대상이 인어다. 인어는 대체로 여성성을 갖는다. 인어의 목격자가 대부분 오랜 항해로 성에 굶주렸던 남자 선원들이기 때문일 것이다. 그들은 대게 새끼를 끌어안고 젖을 먹이는 듀공(dugon) 같은 바다 포유류를 인어로 착각했고 거기에 과장이 보태져 인어의 전설이 완성됐다. 드물게 남자인어에 대한 전설도 있다. 바빌로니아의 수신 '에어'는 남자 인어였다. 그런데 한국바다에도 남자 인어의 전설이 깃든 섬이 있다. 통영의 섬 수우도다. 그 인어는 뭍과 바다 모두를 자유자재로 오가며 살 수 있었다.

∞

옛날 수우도에 늦도록 자식이 없는 부부가 있었다. 아내는 뒤늦게 아이를 가졌는데 열두 달 만에 태어났다. 이름은 설운이었다. 아이는 비범했다. 첫 돌이 지나고부터 바다에서 헤엄을 치고 놀기 시작했다. 자라면서 아이의 온몸에 비늘이 돋아났다. 일곱 살이 되자 늑골에 물고기 아가미 같은 구멍이 생겼다. 그래서 아이는 물고기처럼 자유롭게 바닷속을 헤엄쳐 다닐 수 있었다. 당시 남해안 일대 주민들은 왜구의 노략질에 속절없이 당하고만 있었다. 관군은 왜구로부터 백성들을 지켜주지 못했다.

아이는 훌쩍 자라 청년이 되었다. 어느 날 사량도 앞바다에 왜구들이 나타났다. 바닷속을 헤엄치던 청년은 수우도 은박산 꼭대기로 솟아올라 거대한 부채로 바람을 일으켜 왜구들을 내쫓았다. 왜구들이 욕지도 쪽으로 빠져나가자 청년은 욕지도 천왕봉으로 뛰어가 이들을 내쫓았고, 왜구들이 국도 쪽으로 도망치자 또 국도 산꼭대기로 건너뛰어 왜구들을 아주 몰아냈다. 그때부터 남해안 섬사람들은 청년을 설운 장군 혹은 인어 장군이라 부르며 우러렀다. 장군 덕에 섬사람들은 왜구의 침략을 받지 않고 편안히 살게 됐다.

차츰 설운 장군에 대한 소문이 퍼져 나갔다. 풍문 중에는 설운 장군을 음해하는 이야기도 있었다. 반인반어인 괴물이 남해 바다를 휩쓸고 다니며 어선들을 괴롭혀 어부들이 고기잡이를 할 수 없다는 헛소문이 퍼졌다. 소문은 궁궐 담까지 넘어갔다. 왕은 수우도를 관할하는 호주판관(湖州判官)에게 그 괴물을 체포하라는 명령을 내렸다. 호주판관은 관군을 이끌고 설운 장군을 잡으려 했지만 잡을 수가 없었다. 설운 장군이 물속에서 보름씩 꼼짝 않고 숨어 있기도 하고, 수우도나 욕지도, 국도 같은 섬으로 번

개같이 사라져 버리니 어찌 잡을 수가 있겠는가.

조정에서는 지원군까지 보냈지만 도리가 없었다. 설운 장군은 오히려 관아로 쳐들어가 호주판관의 부인을 납치해 국도에 숨겨두고 아내로 삼아버렸다. 부인은 임신을 하고 아이까지 출산했다. 아이가 생겼어도 부인은 틈만 나면 탈출할 기회를 노렸다. 그러던 어느 날 장군이 잠든 틈을 타 아이를 통나무 속에 띄워 보내며 관군에게 연락을 했다. 관군이 들이닥쳐 장군을 생포했다. 설운 장군은 한번 잠이 들면 며칠씩 계속 자는 버릇이 있었기 때문에 그 기회를 노렸던 것이다. 장군은 잠든 채 꼼짝없이 잡히고 말았다. 압송 도중 장군은 잠에서 깼다. 당황한 관군이 장군의 목을 잘라 죽이려 했으나 목이 떨어지면 다시 붙고 목이 떨어지면 또 다시 붙어서 죽일 수 없었다. 그때 판관 부인이 잘린 목에다 메밀가루를 뿌리니 더 이상 목이 붙지 않았다. 설운 장군은 마침내 영원한 죽음을 맞이했다.

민심을 얻은 영웅을 결코 살려두지 않던 사회. 어쩌면 설운 장군이 호주판관의 부인을 '납치'해서 제 부인으로 삼았다는 이야기는 모함일지도 모른다. 섬 주민들을 위해서 살았던 민중의 영웅을 죽이기 위해서는 그를 부도덕한 인물로 매도해야만 하지 않았겠는가. 설운 장군이 숨을 거두자 다시 왜구의 침략이 시작됐다. 장군을 죽인 관군들은 왜구를 막아내지 못했다. 그래서 섬사람들은 수우도에 제각을 짓고 장군의 위패를 모셨다. 장군의 영혼이 왜구를 물리쳐 주기를 바라며 정성껏 제를 올렸다.

∞

보통 다른 섬들이 정월에 당제를 지내는 것과 달리 수우도에서는 시월 보름에 당제를 모신다. 장군이 죽임을 당한 날이 음력 시월 보름날이기 때문이다. 오랜 세월 수우도 사람들은 장군의 제사를 잘 모시면 마을이 태평하고 풍어가 든다고 믿어왔다. 장군을 모신 사당은 지령사다. 마을 안 지령사 안벽에는 설운 장군과 부인, 두 아이가 있고 그 좌우로 하인 2명이 서 있다.

"할바시를 엄청스레 크게 모싰어요. 할바시가 부락을 잘 되기로 해준께"

수우도 경로당 앞 평상에 앉아 놀고 있던 할머니들은 이구동성으로 '할바시' 설운 장군에 대해 경의를 표한다. 섬 지방에서는 여신을 할망 혹은 당산할매라 부르듯 남신은 할바시(할아버지)라 부른다. 지금은 삼 년에 한 번씩 제를 모신다. 예전에는 해마다 제를 올렸지만 더 이상 해마다 제를 모실 만한 여건이 못 되기 때문이다. 신앙심 깊은 노인들은 너무 늙었고 젊은 사람들의 신심은 예전 같지 못하다. 할머니들은 그 이유를 너무도 간명하게 정리하신다.

"지 아비 제사도 잘 안 모실라고 하는 세상 아니요."

벌써 몇 백 년을 이어온 당제다. 설운 장군을 모신 당집은 신성한 구역이었다. 마을 사람들도 무서워서 함부로 들어가지 못했다. 당에 모셔진 설운 장군의 초상도 얼마나 무섭게 그려졌던지 한번 보기만 해도 기겁을 했다. 그런데 그 초상은 문화재 도둑이 훔쳐가 버렸다. 마을에서는 비가 새던 낡은 사당을 헐고 집도 새로 짓고 장군의 초상도 다시 그려 봉안했다. 장군의 얼굴도 예전보다 덜 무섭게 그려졌다. 이제 당제도 사당도 옛날만큼 신성하지 않다. 외지에서 온 사람들은 아무렇지도 않게 사당을 드나든다. 하지만 수우도 노인들은 여전히 장군신이 두렵다.

  그래서 섬에 살면서 평생 동안 신당에 발 한 번 들여놓지 못한 분도 있다. 상을 당한 상주가 멋모르고 신당에 발을 들여놨다가는 무조건 벌을 받는다고 믿는다. 그만큼 신성한 곳이었다. 그래서 지금도 수우도 노인들은 사당에 가는 것을 꺼려한다.

  "사당, 저는 아무나 못 가요. 이 동네 사람들은 데나 개나 안 들어갑니다."

  나그네가 가보겠다고 하니 만류하신다.

  "깨끗하면 들어가소. 아니면 가지 말고."

  부정한 데가 있으면 벌을 받을 수 있으니 들어가지 말란 말씀이다.

  아직도 수우도 곳곳에는 설운 장군의 혼이 깃들어 있는 듯하다. 설운 장군의 기상을 느껴보고 싶으면 섬을 일주하는 둘레길을 걸어보라. 길은 방파제 부근 신애끝에서부터 시작되어 섬을 한 바퀴 돌아 다시 마을로 이어진다. 산길이지만 경사가 거의 없는 해변 숲길이다. 섬사람들이 옛날부터 다니던 길 그대로라 자연스럽다. 섬의 숲길을 한 바퀴 돌면 다시 마을이다. 한전발전소 아래 우물에서 두레박으로 길어 먹는 물맛이 아주 달다.

Travel Note

수우도는 통영의 섬이지만 여객선이 삼천포에서만 다닌다. 수우도에는 식당이 없다. 민박을 하면 밥을 해준다. 당일로 들어갔다 나와서 삼천포에서 밤을 보내는 것도 좋다. 삼천포의 야경도 좋고 통영의 다찌처럼 술을 시키면 제철 해산물이 한 상 차려나오는 실비집도 맛깔스럽다. 특히 삼천포의 해물 한정식은 가격에 비해 맛과 질이 우수하다.

삶은 매순간이 꽃이다

손죽도 | 전남 여수

　임진왜란 3년 전 손죽도에서는 왜구와 전투 중에 전사한 약관 21세의 청년 장군이 있었다. 청년 장군은 질투에 눈이 먼 직속상관의 계략에 희생됐다.

진중에 해 저무는데 바다 건너와 슬프다
군사는 외롭고 세력은 부쳐 죽음은 두렵지 않으나
나라와 어버이 은혜 못 갚아 원한이 구름에 엉켜 풀릴 길 없네

-이대원 장군, <절명시>

　이대원 장군(1566~1587). 장군은 1566년(명종21년) 평택에서 태어나 18살에 무과에 급제했다. 1586년(선조19년) 21살 약관의 나이에 고흥의 녹도만호(종4품)가 됐다. 녹도는 지금의 녹동이다. 1587년 2월 녹도 앞바다에 왜구가 출몰하자 전함을 이끌고 출전해 왜구들을 섬멸했다. 장군은 이 전투에서 적장을 생포해 전라좌수사 심암에게 넘겼다. 수사는 장군의 공을 자신의 것으로 하자 했으나 장군은 이를 거절했다. 왜구 토벌의 공

을 가로채 출세하려다 실패한 수사는 장군에게 깊은 원한을 품었다.

2월 17일, 대규모 왜구들이 다시 손죽도를 침략했다. 수사는 수적 열세를 알고도 단지 100여 명의 병사만을 내주며 장군의 출병을 재촉했다. 장군은 이미 날이 저물고 군사도 적으니 덮어놓고 출정하는 것은 무모하다, 내일 아침 날이 밝으면 군사를 더 모아 출정하는 것이 옳을 것이라 간언했다. 하지만 수사는 장군을 강제로 출병시켰다. 장군을 사지로 몰아넣으려 작정한 행위였다. 장군은 출병하며 수사가 군사를 이끌고 뒤따라와 줄 것을 부탁했다. 하지만 수사는 출병하지 않았고 장군과 병사들은 3일 밤낮을 격렬히 싸웠으나 중과부적이었다.

다시 병력지원을 요청했으나 끝내 수사는 지원병을 보내지 않았다. 결국 장군은 혈서로 절명시를 쓴 뒤 왜구에게 사로잡혔다. 왜구는 장군의 항복을 받아내려 했으나 장군이 거절하자 돛대에 매달고 찔러 죽였다. 장군의 억울한 죽음은 덮어질 뻔했으나 전투에서 살아남은 장군의 부하 손대남이 살아 돌아감으로 인해 진상이 밝혀졌다. 1587년 선조는 전라좌수사 심암을 참수하라는 어명을 내렸고 심암은 한양으로 압송돼 당고개에서 참수됐다. 사건의 전말은 송강 정철의 아들 화곡 정기명이 지은 '녹도가'를 통해 전해진다.

∞

할머니 한 분 우체국 담장에 기댄 채 여수 나갔다오는 아들을 기다리신다. 손죽도 주민들은 올해도 지난 음력 3월 3일, 이대원 장군 사당인 충렬사에 제사를 모셨다. 제를 지내는 날은 평택에 사는 장군의 후손들도 왔다. 사당의 담장 안에는 팽나무 고목이 세 그루나 서 있다. 처음 사당은 초가로 지어져 퇴락을 거듭하다 1983년 마을 주민들이 정성을 모아 지금처럼 기와로 다시 지었다.

"삼월 삼짓날 제사 지내라우. 사흘 동안 정신 바치고 지내라우."

사흘 동안 정성을 드린 뒤에 제를 지낸다는 말씀이다.

"산물 떠다 바치고, 메지고, 깨끗한 사람만 궂은 디 안 보고 그란 사람한티만 맽겨라우."

마을에서는 부정한 일을 겪지 않은 깨끗한 사람을 제주로 뽑아 제를 주관하게 한다. 깊은 산속의 맑은 물을 떠다 바치고 그물로 밥을 지어 올린다. 그 기간에는 사당에 금줄을 쳐서 사람이 함부로 출입하는 것도 금한다. 할머니가 처녀시절에는 동짓달과 삼월 삼짓날 한 해에 두 번씩 제를 올렸지만 지금은 음력 삼월 삼짓날 한 차례만 제를 올린다. 할머니는 처녀시절 제를 올리던 어느 해 삼월 삼짓날을 떠올리며 추억에 잠기신다. "눈은 눈은 많이 와서 좋습디다. 제를 올리고 나오는디 함박눈이 쏟아져서 기분이 좋습디다."

당시에는 제를 모시는 사람은 신발도 두 켤레를 신었을 정도로 엄격했다.

"신도 두 켤레 놓고 신어라우. 정신 디린 신 벗어놓고 따로 신고 다니고. 밤중에 가서 물 떠다 바치고, 사람 안 본디 바치고. 궂은 사람은 안 가요. 음식도 안 묵고. 내 자신의 정신을 디린 디 데고 어치고 묵어 지꺼요."

금식까지 해가며 그만큼 정성을 드렸으니 장군은 섬사람들의 수호신이었다. 많은 섬들이 교회가 들어온 뒤 당제가 없어지고 굿들도 사라졌지만 손죽도 사람들은 여전히 장군에 대한 정성이 지극하다. 왜구로부터 섬 주

민들을 지키다 전사한 젊은 장군에 대한 고마움과 믿음이 그만큼 큰 까닭이리라.

∞

손죽도는 정원이 예쁜 집이 많다. 아무리 허름한 집일망정 나무나 꽃을 가꾼다. 어떤 집은 '세월도 쉬어가고 나도 쉬어 가는 섬마을 우리집'이란 예쁜 문패를 달기도 했다. 골목을 오르는데 유달리 정원이 아름다운 집이 있다. 마당을 기웃거리자 안주인이 나와서 반긴다. 정원은 같은 동네 사는 친정어머니 솜씨란다. 어머니는 나무 가꾸는 것을 돈보다 좋아하신단다. 다른 할머니들이 밭일할 때 나무 가꾸는 데 열성이란다. 안주인은 친정어머니 집으로 나그네를 안내한다. 마을과 바다와 산들이 훤히 내려다보이는 언덕, 손죽도에서 최고로 전망 좋은 집이다. 마당에 들어서자 할머니 집 마당은 의외로 소박하다. 잘 가꿔온 나무들은 모두 딸에게 줘버린 탓이다. 할머니는 나그네를 반기신다.

"오늘 연락선으로 들어오셨습니까. 우리 손죽도가 훤합니다."

할머니는 손죽도를 찾아와준 나그네에게 거듭 고맙다는 인사를 한다. 창졸간에 나그네는 귀인이 돼버렸다.

"가실 곳이 없어서 이곳에 와주셨겠습니까. 고맙습니다. 우리 손죽도에 와주셔서."

할머니는 처녀시절부터 나무며 돌들을 좋아했다.

"처녀 때부터 나무도 좋고, 남들은 갯바위 김 뜯으러 가지만, 김 그런 거 덜 뜯고 나는 갯바위 근처에서 나무 하나씩 미고 왔습니다."

결혼한 뒤에도 나무와 돌들을 수집하는 취미는 계속됐다. 나무나 돌들을 봐놓고 와서 남편에게 부탁하면 "자네는 그런 취미나 하고 사소. 나는 필요 없네." 하면서도 들어다 주곤 했다.

지금 시각으로 보자면 나무를 캐고 돌을 집어오는 것이 자연 훼손이라 말할 수 있을 것이다. 하지만 어떠한 문화 혜택도 받을 수 없는 이 절해고도에서 그런 취미라도 없었다면 그 모진 세월을 어찌 견뎠을까. 나무나 돌들을 캐다 팔아먹은 것도 아니고 집을 가꾼 것뿐이니, 그걸 너무 탓하지는 말자. 할머니는 손죽도가 고향이다. 선원으로 여태껏 여객선에 근무하는 할아버지는 여수 개도가 고향이다. 남편을 처음 만난 것은 처녀시절 여객선을 타고 다닐 때였다.

"객선을 타고 가다가 인연이 될라께 만났지요."

말 잘하고 넉살좋고 친절한 여객선 선원 총각은 손죽도 처녀에게 마음을 빼앗겨 여객선 안에서 연애를 걸었다.

"점잖은 스타일이 아니었습니다."

하지만 여객선을 타고 여수를 오가며 처녀도 차츰 선원 총각에게 마음을 열었다.

"잘해주니까 점차 정이 가더라고."

결국 두 사람은 결혼을 하고 처녀의 친정집에 살림을 차렸다.

"아저씨가 성격 쾌활하고 인정 많아서 아들보다 잘했어라우. 배에 다니면서 열심히 해서 상도 받고."

선창가에서 할아버지를 만날 수 있을 테니 한번 찾아보라신다.

"어벌쩡하고 말씀 잘하는 분이 아저씨요."

할머니는 무언가 먹을 거라도 내놓고 싶지만 그러지 못한 것이 못내 아쉽다.

"와주십시오 해도 안 오실 텐데 이렇게 와주시고. 여수서 안 사다 놓으면 과일 하나 없어요. 과일이라도 있을 때는 손님이 안 오시고."

괜찮다고 말씀드려도 할머니는 내내 미안해 하신다.

"우리 집이라고 왔는데 돌김이라도 있으면 디릴 텐데."

과일 없고 돌김 말려 놓은 것도 없는 것이 잘못이라도 되는 양 할머니는 내내 어쩔 줄 몰라 하신다. 할머니 그 마음이 눈물겹다.

옛날 어릴 적 내가 섬에 살 때도 그랬다. 나그네의 할머니는 육지서 오는 박물장수며 엿장수들을 먹이고 재워 보내셨다. 모르는 사람일지라도 손님을 귀하게 여기는 것이 섬의 풍습이고 인정이었다. 관광지가 된 섬들에는 사라진 풍습이지만 아직도 인적이 드문 외딴 섬에서는 사람을 귀하게 여기는 풍습이 남아 있다. 뭍에서 먼 섬이지만 손죽도에는 뭍에서 들어와 사는 사람들이 더러 있다. 대부분은 고향으로 돌아온 은퇴자들이지만 그 중에는 친구 따라 낚시 왔다가 눌러앉아 사는 이도 있다. 서울 살다온 40대 부부도 최근 이주해 낚시 배를 운영하며 산다.

"얼마나 이뻡니까. 밥 먹고 살면 되죠."

그렇다. 다 밥 먹고 살자고 사는 세상 아닌가. 밥 먹고 살 수만 있다면 섬이라고 무엇이 다르랴. 많은 사람들이 도시에 살지만 그들 또한 밥벌이를 위해 직장이라는 섬에 갇혀 살지 않는가. 인사를 하고 돌아서는데 할머니가 대문 밖까지 따라 나오신다.

"진짜 와주셔서 감사합니다. 다음에 또 오실 수 있으면 와주세요."

할머니 환대의 인사가 벚꽃처럼 환하다. 꽃 시절은 짧아도 삶은 매 순간이 꽃이다.

Travel Note

손죽도행 여객선은 여수항에서 쾌속선이, 고흥 녹동항에서 카페리호가 다닌다. 여수에서 가는 것이 더 편리하다. 손죽도는 이대원 장군과 떨레야 뗄 수 없는 섬인데 녹동에도 이대원 장군을 모시는 사당, 쌍충사가 있다. 녹동을 여행할 기회가 있으면 한번 들러보는 것도 의미 깊을 것이다. 어느 섬이든 배 시간 확인이나 예약은 '가보고 싶은 섬' 사이트(island.haewoon.co.kr)에서 하는 것이 가장 확실하다.

남해의 모스크바

소안도 | 전남 완도

　보길도 옆에 있으나 보길도의 명성에 가려 오랫동안 잊혔던 섬. 소안도(所安島)는 그 이름처럼 편안한 느낌이 드는 섬이지만 섬의 역사는 결코 녹록치 않다. 소안도는 한국 근현대사의 압축판 같은 섬이다. 한 시절 남해의 모스크바라 불렸던 섬. 일제강점기 함경도의 북청, 부산의 동래와 함께 항일 독립운동의 메카였던 섬. 1920년대에는 소안도 주민 6000여 명 중 800명 이상이 불령선인(不逞鮮人, 불량한 조선 사람)으로 낙인찍혀 일제의 감시와 통제를 받았던 섬. 독립운동을 하다 형무소에 끌려간 주민이 있으면 남은 사람들은 그들을 생각하며 한겨울 추위에도 불을 때지 않고 잘 정도로 의리가 깊었던 섬.

　소안항에 내리면 섬의 역사를 알리는 비석 하나가 가장 먼저 눈길을 끈다. '항일 성지 소안도.' 비석에서는 어떤 긍지 같은 것이 느껴진다. 작은 섬이지만 건국훈장 수상자 20명을 포함해 독립운동가 89명을 배출한 항일의 땅이니 당연한 일이다. 가학리에는 소안 항일독립운동 기념탑과 기념관이 들어서 있다. 소안도 항일 해방운동의 뿌리는 갑오년의 동학혁명에서 시작된다. 1894년 동학혁명이 일어나자, 동학의 접주 나성대 장군이 동학군을 이끌고 소안도로 들어와 군사훈련을 시켰다. 소안도 출신 이준화, 이순보, 이강락 등이 동학군에 합류했다. 동학군의 군사훈련 때 소안도 주민들은 군사들의 식량을 조달했다. 혁명 실패 후 김옥균을 살해했던 홍종우의 밀고로 이순보, 이강락 등은 청산도로 끌려가 관군의 손에 총살당했다.

살아남은 이준화는 동학군과 함께 도피한 뒤 의병들을 이끌고 소안도 인근의 자지도(현 당사도) 등대를 습격해 일본인 간수들을 처단했다. 자지도 등대가 세워진 것은 1909년 일제에 의해서였다. 등대는 일본 제국주의 세력의 조선 침략의 앞길을 밝히기 위한 봉화대였다. 자지도 의거가 일어난 것은 등대가 세워진 바로 그 해였다. 이준화 선생을 비롯한 의병 6명은 1909년 1월 일제 침략의 전진 기지로 자지도 등대가 세워진 것에 격분하여 같은 해 2월 24일 자지도 등대를 습격해 일본인 등대 간수 4명을 사살하고 등대의 주요 시설물을 파괴했다.

1910년, 일제는 자지도 등대 앞에 "마적단에 의해 등대가 습격받아 등대 간수가 피살되었다"는 내용의 '조난 기념비'를 세웠다. 때로 역사적 진실과 기록 사이에는 터무니없는 간극이 존재한다. 역사의 기록만이 진실이라고 주장할 수 없는 것은 그 때문이다. 기록이란 늘 승자의 기록일 뿐이다. 나라를 지키려는 의병이 마적이 되기도 하고 탐관오리가 선정을 베푼 수령이 되기도 한다. 화강암으로 만들어져 수만 년쯤은 거뜬할 것 같던 그 비석도 일제 패망과 함께 당사도 주민들에 의해 파괴되어 절구통으로 만들어지고 말았다. 지금 그 절구통은 마을에 남아 있다. 항일 전적비가 세워지게 된 것은 일제의 비석이 박살난 뒤로부터 50년도 더 지난

당신에게, 섬

1997년에 이르러서였다.

일제 강점기 소안도의 항일운동은 송내호, 김경천, 정남국 등에 의해 주도됐는데 이들이 조직한 수의위친계, 배달청년회, 소안노농대성회, 마르크스주의 사상단체 살자회, 일심단 등의 항일운동 단체는 소안도와 완도를 넘어 전국으로 퍼져나갔다. 지금도 소안도에 있는 배달청년회는 이 땅 최초의 근대적 청년회였다. 후일 송내호는 서울청년회와 조선민흥회, 신간회 등의 중심인물로 활동했고 정남국은 일본으로 건너가 재일조선인노동총동맹 위원장을 지냈다.

동학의 영향과 함께 소안도 항일운동의 또 한 기반은 '중화학원'과 '사립소안학교'였다. 중화학원은 1913년 송내호, 김경천 등이 설립했는데 사립소안학교의 모태가 되었다. 소안도 주민들은 1905년 왕실 소속의 궁납전(宮納田)이던 소안도의 토지를 강탈해 사유화한 사도세자의 5세손이자 친일 매국노인 이기용 자작으로부터 토지를 되찾기 위해 13년 동안이나 법정 투쟁을 벌였다. 1922년 2월, 토지를 되찾은 소안도 사람들은 성금을 모아 사립소안학교를 세웠다. 당시 소안학교는 인근의 노화, 보길, 청산은 물론이고 해남, 제주도에서까지 유학생이 몰려올 정도로 성황을 이루었다.

당신에게, 섬

1924년, 2차 소안노농대성회 사건을 시작으로 많은 소안도 사람들이 일제 경찰에 체포되어 감옥을 큰집처럼 드나들었다. 1920~1930년, 소안도 관련 신문 기사만 200건이 넘고 등장인물은 수백 명에 달한다. 주민들은 일제의 경찰에 말을 하지 않는 '불언 동맹'이나 일장기 걸지 않기, 일본 국경일 행사 거부 등으로 일제의 폭압에 맞섰다. 또 각종 행사 때 일본 경찰의 입회를 허락하지 않았다. 일제는 결국 1927년 소안학교를 폐쇄해 버렸다.

해방 후에도 사회주의 계열 독립운동이라는 이유로 소안도 항일운동의 역사는 오랫동안 잊혔다. 친일파가 득세한 나라의 비극이었다. 송내호 선생은 1963년 독립유공자로 추서되었지만 소안도 항일운동은 1990년 소안도에 항일 독립운동 기념탑이 세워지면서 비로소 복권됐다. 광복 60년이 넘어서야 독립운동 기념관도 들어섰다.

소안도 비자리 선창머리에는 늙은 어부 한 사람이 낡은 목선을 수리 중이다. 어부는 부서진 배 후미에 각목을 대고 못질을 한다.

"통발을 막을라고, 배가 없으께 우선 이놈을 고치요. 보길도에다 쌔내기 한 대를 사 놨는데 아직 못 갖고 왔소."

기관이 배 바깥에 달린 선외기를 여기서는 보통 '쌔내기'라 부른다. 일반 기관 배는 경유를 쓰지만 모터가 달린 선외기는 휘발유로 가는 고속선이다. 노인은 낙지 통발 어업을 한다. 어부들은 비자리 앞바다 갯벌에 줄지어 서 있는 '마장'에 통발을 매달아 낙지를 잡는다. 낙지 통발에는 장어도 들고, 게도 들고, 볼락 같은 작은 물고기도 든다. 노인은 못질한 각목을 배 후미에 맞춰 톱으로 자르고 대패로 다듬는다. 노를 저어서 가는 배, 섬

사람들이 '노전배'라고 부르는 작은 목선을 아직껏 부리는 어부는 드물다. 목선과 어부는 바다에서 함께 늙어버렸다. 펄쩍, 망치질 소리에도 아랑곳 없이 목선 바로 앞에서 숭어가 뛴다.

"내다 버릴 것인디, 우선 바다에 나가서 일할 배가 없어논게. 낼부터 낙지 통발 들어 가께. 이라고 고쳐 쓰요. 이 배만 한 이십 년 썼소."

비자리 어민들은 7월 말부터 11월까지 마을 앞 바다에서 통발어업에 종사한다. 수협의 입찰이 시작되면 도시의 중간상들이 들어와 낙지를 사 간다. 어부의 손을 떠나면 낙지의 몸값이 열 배, 스무 배씩 뛴다. 통발을 매는 마장은 해마다 제비뽑기를 통해 새로 분배한다. 낙지가 잘 드는 곳이 있고 덜 드는 곳이 있기 때문이다.

"좋은 디가 있고 나쁜 디가 있고, 잘난 디가 있고 안 난 디가 있지라우. 그래 제비뽑기를 안 하요. 그래야 무법천지가 안 되지라우."

노인은 낙지 통발이 끝나면 바다에서는 별달리 할 일이 없다. 젊은 사람들은 전복이나 김 양식으로 큰돈을 벌지만 노인들에게는 힘에 부치는 일이다. 그래서 대부분의 노인들은 비교적 힘이 덜 드는 낙지 통발에 기대고 산다. 참으로 고마운 생애의 바다다.

Travel Note

소안도의 주봉 가학산은 조금 가파른 편이다. 하지만 꼭 올라가야 할 이유가 있다. 산정에서 보이는 다도해 풍경이 환상적이기 때문이다. 가학산에서는 보길도, 청산도, 추자도는 물론 맑은 날이면 제주도까지 조망할 수 있다. 원시림의 숲이 그대로 살아 있는 대봉산 둘레길도 놓치지 말아야 할 트레일이다. 미라리 해변 상록수림과 함께 미라리 마을 안길도 꼭 걸어보기 바란다. 섬에서도 드물게 돌담의 원형이 잘 보존되어 있다.

신생대의 해변을 지나 중생대의 바다로

사도 | 전남 여수

　사도 해안은 그대로 자연사박물관이다. 곳곳이 용암의 흔적과 공룡발자국 투성이다. 공룡발자국 화석과 함께 사람들이 사도에 부쩍 관심을 갖게 된 또 하나의 이유는 바닷물이 갈라지는 자연현상 때문이다. 정월이나 2월, 4·5월 보름 썰물 때면 사도와 인근 섬들 사이에 바닷길이 활짝 열린다. 사도에서는 한 해에도 몇 번씩 '모세의 기적' 같은 일이 아무렇지도 않게 일어난다. 특히 가장 넓은 바닷길이 열릴 때는 음력 2월 영등사리 때다. 이때는 사도 주변의 여러 섬들 7개가 하나로 연결된다. 사도를 중심으로 추도, 중도(간데섬), 장사도, 나끝, 연목, 증도(시루섬)까지 7개의 섬들이 ㄷ자 모양으로 이어져지는 신비를 연출한다. 물이 빠지면 사람들은 바다 사이로 난 길을 따라가며 갯것들을 주어 담는다.

　사도는 주변의 섬들 사이 바다를 에워싸고 있어 호수 안의 섬 같다. 그래서 옛적에는 사호라 했다. 사도는 한때 돈 섬이라고 불릴 정도로 부유했다. 어로 기술이 주변 어느 섬보다 발달해 고깃배가 많았다. 그 시절에는 커다란 조기잡이배가 여섯 척이나 있었고 작은 거룻배도 30척이나 됐다. 또 운반선인 상고선을 부리는 주민들도 많았다. 상고선은 바다에서 조업하는 어선들로부터 생선을 사서 항아리에 소금을 넣고 저린 뒤 여수, 마산 등지로 내다 팔아 큰 이익을 얻었다. 사도의 융성은 어업 덕분이었던 것이다. 이때 번 돈으로 사도 주민들은 근처의 큰 섬 낭도에 8천여 평 산비탈을 구입했다. 그 산비탈을 개간해서 밭곡식을 길러 먹었고 땔감을 베어다 땠다.

하지만 어느 순간부터 사도는 더 이상 어업을 하지 않게 됐다. 고깃배들이 아주 사라져 버렸다. 1959년 9월, 추석날 한반도를 강타한 태풍 '사라' 때문이었다. 이때 30여 척의 어선들이 전부 부서져 침몰하고 많은 사람들이 목숨을 빼앗겼다. 학교 옆에 있던 오래된 마을 숲도 완전히 사라져 버렸다. 이후 많은 주민들이 바다가 무서워 섬을 떠나 버렸고 섬은 한적해졌다. 섬에 남은 사람들도 더 이상 어선을 부릴 엄두를 내지 못했다. 트라우마는 섬 전체를 덮쳤다. 오랫동안 섬은 어선 없는 섬이었다. 그렇게 50여 년의 세월이 흘렀다. 섬사람들은 그저 농사를 짓거나 물이 빠지면 갯가에 나가 미역, 톳 같은 해초류를 뜯어다 팔며 생계를 이어갔다.

근래 들어서는 인근의 추도, 낭도 등과 함께 공룡발자국 화석이 발견되면서 관광객이 늘어나 관광업도 생계의 한 방편이 됐다. 지금은 조업을 겸하는 낚시 어선도 몇 척 생겼다. 점점 트라우마에서 벗어나고 있다. 사도는 2002년 1월 유네스코 세계유산 잠정 목록에 등재된 남해안 공룡 화석지 5곳 중 한 곳이다. 사도뿐만 아니라 인근의 낭도 등 7곳의 섬에서 3800여 개의 공룡발자국이 발견됐다. 공룡이 84미터를 걸어간 흔적(발자국 43개)도 있다. 그래서 사도 입구 선착장에서 육지 사람들을 먼저 반기는 것이 두 개의 공룡 모형이다.

∞

　시간은 실체가 없으나 흔적을 남긴다. 발이 없으나 발자국을 남기고 손이 없으나 지문을 남긴다. 사도와 중도, 증도로 이어지는 해변은 실체 없는 공룡의 시대가 남긴 시간의 흔적들로 가득하다. 공룡들이 저 아득한 시간 속으로 건너가면서 남기고 간 발자국들이 선명하게 박혀 있다. 공룡의 시대는 갔으나 공룡이 살던 시간은 화석이 되어 남았다. 심연보다 깊은 시간의 해변, 공룡 발자국은 공룡들의 것이 아니다. 시간이 남긴 시간의 발자국이다.
　중도, 시간의 해변 얕은 바다에는 해삼과 소라와 게를 잡는 여행자들의 환호성이 이어진다. 공룡의 땅에서 작은 해삼을 잡으며 기뻐하는 이들. 저들은 어째서 공룡들을 뒤쫓을 생각을 않는 걸까. 공룡들을 따라 수천만 년, 수억 년 전의 세계로 시간여행을 떠나볼 생각을 하지 않는 걸까. 게나 해삼, 성게 따위는 신생대의 바닷가 어느 곳에서도 잡아볼 수 있는 것들이 아닌가. 어째서 저 영원처럼 머나먼 중생대의 바다를 헤엄칠 생각을 않는 걸까. 중생대 해안을 지나면 시루섬, 증도다. 사도와 중도는 다리로 연결되어 있고 중도와 시루섬은 모래톱으로 연결되어 있어 무시로 드나들 수 있다.
　시루섬은 초입부터 거대한 바위 무더기들이 공룡처럼 무리지어 웅성거리는 듯하다. 혹시 저 바위들은 공룡들의 화석이 아닐까. 공룡의 혼들이 갇힌 것이 아닐까. 공룡들은 생멸의 과정을 따라 사라져 저 바위로 환생한 것은 아닐까. 멸종의 시대를 맞이한 공룡들은 화급히 몸 바꾸어 바위가 되었으니 비로소 영원을 얻었다. 삶도 없고 죽음도 없는 불생불멸의 경지에 들었으니, 저 공룡바위들은 모두가 그 자체로 석불들이다.

∞

시루섬 뒤편 해안 절벽은 장대하다. 놀라울 정도로 거대한 바위들이 해안을 장식하고 있다. 이 바위들은 시루섬의 얼굴이다. 절벽과 바위와 해안을 따라 놓인 돌들. 만약 신들의 정원이 있다면 이곳이 분명하리라. 불사의 존재인 신들이 피었다 시드는 꽃들 따위로 정원을 가꾸었을 리 만무하지 않겠는가. 신들은 분명 저 견고한 바위들로 정원을 가꾸었으리라. 이 불가사의한 바위 정원은 압도적으로 아름답다. 웅장하고 장엄하다. 어찌 경배드리지 않으리. 신들의 정원 앞에 서면 누구나 저절로 고개가 숙어지리라.

거북바위, 얼굴바위, 고래바위, 온갖 이야기와 전설들을 간직한 바위들. 바위들은 말 없는 말씀으로 자신의 내력을 들려준다. 용미암은 중생대 마그마가 위로 지각을 뚫고 오르다 급격하게 식은 것인데 옛 사람들은 저것이 제주 용두암에서 시작된 용의 꼬리라고 믿어왔다. 하지만 바위가 들려주는 이야기는 다르다. 저 장대하고 팽팽한 근육, 살아 꿈틀대는 꼬리. 제주의 용머리야말로 이 펄펄 살아 움직이는 용꼬리의 한낱 머리일 뿐이다. 머리보다 강력한 꼬리의 힘이여!

신생대의 오후, 이제는 신들도 화석이 된 것일까. 오늘 시루섬 해변에는 신들도 공룡도 자취 없고 나그네만 시름없이 앉아 있다. 신들의 시대는 끝이 났다. 신들이 떠나며 버리고 간 정원. 신들의 정원이 이제는 사람들의 미역 건조장이 되었다.

나그네는 무엇보다 술을 좋아하지만 오늘 이 장엄한 바위 아래서는 단

당신에게, 섬

한 잔의 술도 마시지 않으리리. 취한 정신으로 있다 가기에는 너무도 장엄한 풍경이 아닌가. 차고 맑은 정신으로 돌아가리라. 그리하면 섬들은, 공룡들은, 신들은 마침내 고양된 내 영혼에 경배하게 되리라.

Travel Note

옛날 사도 사람들은 바로 앞섬 낭도의 땅을 사서 농사를 짓거나 땔감을 마련했었다. 워낙 섬이 작아 태풍이라도 불면 불안해서 낭도의 상산으로 대피해 집이 떠내려가나 불안하게 바라보곤 했었다 한다. 그 낭도의 상산 따순기미에서 바라보는 사도의 풍경이 장관이다. 사도 여행길에 잠시 짬을 내 낭도에 들러 상산트레킹까지 한다면 금상첨화다. 하산 길 100여 년 역사의 낭도 주조장 막걸리 한 사발은 여행의 완성이다.

서해의 작은 제주

굴업도 | 인천 옹진

"우리가 살고 있는 세계는 물의 세계이며 대륙은
모든 것을 둘러싸고 있는
바다 수면 위로
잠시 솟아 있는 땅덩어리에 불과하다."

- 레이첼 카슨의, <우리를 둘러싼 바다>

덕적도에서 출항한 여객선이 굴업도에 기항한다. 여행객들 대부분은 굴업도에서 하선한다. 이 여객선의 선장님은 바다와 섬과 자연의 찬미자다. 선장님은 섬에 내리는 여행객들에게 당부한다.

"섬에 내리거든 한번 찬찬히 들여다보세요. 곳곳에 수만 년 동안 변하고 변한 모습, 바람이 파도가 안개가 소금기가 깎아놓은 조각품들이 즐비해요. 사람들은 자기들이 만든 것은 겨우 백 년된 것도 문화재라고 귀하게 여기면서 수만 수억 년 동안 자연이 깎아 만든 조각품은 하찮게 여기거든. 개발한다고 함부로 뭉개버리고."

인천시 옹진군 덕적면 굴업도(掘業島). 굴업도는 8천만~9천만 년 전 중생대 백악기 말 화산활동의 영향으로 생겨난 응회암 섬이다. 화산 폭발 후 그 재가 날아와 쌓이고 쌓여서 만들어진 화산섬이다. 그래서 해변에는 화산활동의 자취가 고스란히 남아 있다. 또 바위가 갈라져 부서지고 녹아내린 침식의 역사도 선명히 기록되어 있다. 굴업도 해안은 그 자체로 생생한 지리 교과서다.

해안선 길이 12킬로미터에 불과한 굴업도는 해발 100미터 내외의 구릉으로 이루어져 있는데 굴곡이 심한 리아스식 지형이다. 물이 잘 빠지는 세사토(細沙土)라 한때 땅콩 재배를 많이 했었다. 굴업도는 큰 섬과 작은 섬 두 개가 장수리라는 모래밭으로 연결되어 있다. 일제시대에는 이 장수리에 파시촌이 들어서기도 했었다. 한때 굴업도 바다는 인천의 대표적인 민어 어장이었다. 그래서 굴업도는 어업 전진기지였다. 파시 때면 수천 척의 어선과 어부들, 상인들 수만 명이 몰려들어 북새통을 이루었다.

큰 섬에는 큰마을과 작은마을이, 작은 섬에는 목금이마을이 있었지만

30여 년 전쯤 목금이마을과 작은마을은 폐촌이 되어버렸고 이제는 큰 마을 하나만 남았다. 목금이 마을이 있던 작은 섬에는 덕물산(126m)과 연평도산(123m)이 있는데 이들 이름은 산이 각각 덕적도와 연평도를 바라보고 서 있어서 붙여진 것이다. 지금은 두 섬을 연결하는 장수리 모래톱이 낮아져 만조 때면 한두 시간씩 물에 잠기곤 한다.

∞

　썰물 때면 연결이 되는 굴업도 큰 마을 바로 앞의 무인도 토끼섬은 문화재청이 '국내 어디서도 보기 힘든 해안지형의 백미'라고 평가했을 정도로 보존 가치가 높은 곳이다. 토끼섬에는 또 전 세계에 1만 마리 정도만 남아 있는 멸종위기종 검은머리물떼새와 천연기념물인 황새, 황구렁이, 먹구렁이가 서식하고 있다. 천연기념물 323호이자 환경부지정 멸종위기 야생 동·식물 1급인 매도 매년 5~6월 번식기면 15마리 정도가 관찰되기도 한다. 굴업도는 또한 아열대성 식물과 아한대성 식물이 공존하고 있는 특이한 식물군락을 갖고 있다. 섬 전체가 천연기념물의 가치가 있는 보존이 시급한 섬이다.
　한때 주민들이 토끼를 풀어 키워 토끼섬이라 이름 붙은 토끼섬은 20미터 높이의 절벽에 3~5미터 깊이로 우묵한 '터널'들이 파져 있다. 터널을 판 것은 굴삭기가 아니다. 염분이다. 이 터널들을 '해식와'라 한다. 한국 최대의 해식와. 해식와는 노치(notch)라고도 하는데 오랜 시간에 걸쳐 바닷물에 섞인 염분이 바위를 녹임으로써 깊고 좁게 침식된 지형을 말한다.
　덕적도 인근 바다는 평균 10~15미터에 불과하다. 그런데 굴업도 동쪽 바다로 가면 수심이 80~90미터로 급격하게 깊어진다. 이 바다에 거대한 해저 골짜기가 있다. 굴업도 바다에 골짜기가 생긴 것은 이 바다 밑으로 거대한 활성 단층들이 지나가기 때문이다. 이 지역이 지진 위험지대라는 뜻이다. 1994년 핵폐기장 후보지로 정했다가 정부가 포기할 수밖에 없었던 중요한 이유이기도 하다.

여름철이면 바닷속의 골짜기는 주변보다 찬 물이 흘러들어오는 통로가 된다. 찬 바닷물이 여름철의 더운 공기와 만나 안개를 발생시킨다. 여름이면 이 바다에 짙은 안개가 자주 끼어 뱃길이 끊기곤 하는 것도 그러한 까닭이다. 이 안개의 염분이 바위에 스며들어 터널을 파낸 것이 해식와다. 바위를 녹일 정도로 염분의 힘은 강하다.

토끼섬뿐만 아니라 굴업도 해안은 곳곳이 절경이다. 목기미 해변에는 코끼리바위 같은 기암괴석이 즐비하고 동쪽 해안은 염분에 바위가 부식돼 빵 껍질처럼 부풀어 오르고 벌집처럼 구멍이 숭숭 뚫려 해안은 마치 거대한 조각공원 같다.

핵폐기장 유치 문제로 몸살을 앓았던 섬이 이제는 CJ라는 거대기업의 리조트로 전락할 처지에 놓여 있다. CJ그룹이 출자한 회사가 이미 섬의 98%를 사들여 섬을 사유화하다시피 했다. 거대 기업이 탐하는 이유는 그만큼 굴업도의 자연환경이 아름답다는 반증이다. CJ는 굴업도의 산을 깎아내고 골프장을 만들 계획까지 세웠었다. 하지만 환경단체와 문화예술인들의 치열한 반대운동으로 골프장 건설 계획은 철회했다고 한다. 하지만 여전히 섬을 리조트로 만들 생각은 바꾸지 않고 있다. 문화재청은 25,785제곱미터 규모의 굴업도 토끼섬 일대 해식지형을 천연기념물로 지정 예고했지만 추

당신에게, 섬

가 행정절차가 이뤄지지 않아 결국 효력이 소멸되고 말았다. 옹진군과 일부 섬 주민들의 반대 때문이다. 실상 옹진군의 반대는 섬이나 주민들보다 CJ를 위한 것으로 보인다. 천연기념물로 지정되면 CJ가 굴업도에 추진 중인 리조트 개발에 규제가 강화될 것을 우려한 때문이다. 참으로 단견이고 안타까운 일이 아닐 수 없다.

∞

굴업도 개머리 해안, 드넓은 초지는 오래 전 섬의 목장이었다. 소떼를 방목하던 초지가 지금은 염소와 사슴들의 터전이다. 초원의 길을 따라 개머리 끝 절벽으로 간다. 인기척에 놀랐는지 풀숲 속에 숨어 있던 사슴의 무리 쏜살같이 달아난다. 굴업도 전 이장님 집에서 키우던 사슴 한 쌍이 울타리를 탈출한 뒤 번식해서 지금은 대가족을 이루었다. 마른 억새가 무성한 풀밭 가운데 아기 염소 한 마리, 처참하게 죽어 있다. 아직 여물지 않은 어린 뼈 조각들이 뒹굴고 살점이 떨어져 나간 검은 가죽은 너덜너덜하다. 맹금류의 먹잇감이 된 아기염소. 황조롱이 한 마리 상공을 선회하다 사라진다. 필시 저 황조롱이의 짓이다. 섬은 매와 황조롱이, 검독수리, 말똥가리 등 멸종위기 종 맹금류의 서식처다.

사나운 날짐승의 한 끼 식량으로 바쳐진 어린 들짐승. 생(生)은 저토록 처참하고 잔혹하기만 하다. 생은 누구의 편도 아니다. 어린 생명이라 해서 봐주는 법이 없다. 어쩌면 생이란 맹수는 어리고 연한 고기를 더 즐기는지도 모른다. 한 목숨 죽어야 한 목숨 이어지는 생애의 벌판. 우리는 모두 남의 목숨으로 연명하는 생의 도축자들. 목숨이 주식인 생이여! 나는 육을 먹으나 내 몸을 이루는 것은 고기가 아니다. 내 몸은 영혼들의 집합소. 내 몸에 쌓인 영과 혼들. 헤아릴 수 없는 목숨들이 쌓여 한 목숨 이루었다. 굴업도 개머리 해안, 폭풍의 언덕에서 나는 내가 아니다. 어디에도 나는 없다. 나 아닌 것들이 모여 내가 되는 생이여. 목숨이여!

Travel Note

굴업도는 말할 수 없이 아름답지만 숙박시설은 낡고 불편하다. CJ에서 섬의 대부분을 사들여 리조트를 만들려 계획 중이기 때문에 주민들이 집을 수리하거나 집을 새로 짓지 않아서다. 그 불편함은 감수해야 마땅하다. 그렇게라도 우리가 굴업도를 볼 수 있다면 행운이다. 하지만 언제 굴업도로 가는 뱃길이 끊길지 모른다. 서둘러 굴업도로 가야 할 이유다. 굴업도에 한번 다녀온 사람은 절대 굴업도를 사기업에게 잃어서는 안 된다는 생각을 하게 될 것이다. 이 또한 굴업도에 꼭 가 봐야 할 이유다.

절벽 끝에서 얻은 안식과 평화

보길도 | 전남 완도

"영주(제주도) 가느니 보길도라는 민요가 있다." 1928년 8월 4일자 〈동아일보〉에 실린 최용환(崔容煥)의 보길도 여행기 〈윤고산의 화원을 차자〉에 나오는 이야기다. 최용환은 고산 윤선도가 살았던 보길도의 부용동 골짜기를 둘러보고 무릉도원이라고 표현했다. 물론 최용환보다 이백 년 앞서 보길도를 여행한 고산의 5대손 윤위(1725~1756)도 그의 보길도 여행기 〈보길도지〉에서 "예로부터 동방의 명승지로는 금강산 삼일포와 보길도가 있다고 하는데 그윽한 아취로는 삼일포가 보길도만 못하다."며 보길도를 예찬한 바 있다. 보길도가 명승지로 소문이 난 것이 언제부터인지는 정확히 알 길이 없지만 보길도의 가치를 가장 뚜렷하게 세상에 드러낸 이가 고산 윤선도라는 데는 이론의 여지가 없다.

많은 사람들이 보길도를 고산의 유배지로 기억한다. 그러나 보길도는 그의 유배지가 아니었다. 보길도는 고산의 은둔지이고, 고산의 왕국이었다. 보길도 전체가 고산의 정원이었다고 해도 과언이 아니다. 비원, 소쇄원과 함께 이 땅의 3대 전통 정원(원림)으로 꼽히는 보길도 부용동 원림은 고산의 별서(별장)였다. 고산 윤선도가 보길도로 들어간 것은 병자호란이

라는 비극적 전쟁이 인조의 굴욕적인 항복으로 종결된 직후였다.

고향 해남에 낙향해 살고 있던 고산은 전쟁이 일어나자 가노를 비롯한 인근 주민들 수백 명을 모아 의병을 조직하고 서해 바다를 통해 강화도로 향한다. 하지만 배가 강화도에 당도하기 전에 강화도는 이미 청나라에 함락되고, 고산 일행은 뱃머리를 돌려 남하하게 된다. 배가 해남 인근을 지나갈 무렵 인조가 삼전도에서 청태종에게 무릎을 꿇었다는 소식을 듣는다. 당시 고산의 나이 51세, 고산은 제주도에 은둔하기 위해 바로 뱃길을 떠난다. 항해 도중 바람 길이 바뀌자 보길도 대풍(待風)기미에 배를 정박하고 범선을 날라줄 바람을 기다리다 문득 보길도를 둘러보고 그 산세의 아름다움에 취해 그대로 보길도에 눌러앉게 된다.

그때부터 고산은 보길도에 별서를 짓고 생활하지만 실상 고산의 본거지는 본처와 자식들이 있는 해남이었다. 보길도의 별서에서는 첩실인 설씨녀와 그 자식들이 기거했다. 보길도에 첫 발을 디딘 이후 고산은 모두 일곱 번을 드나들며 도합 13년이란 시간을 보길도에서 보냈다. 그는 보길도에서 〈어부사시사〉 40수와 한시 32편을 남겼다. 해남과 보길도와 한양, 유배지였던 함경도 삼수갑산, 경상도 영덕과 기장 등을 들락거리던 고산은 85세의 나이로 보길도 부용동 낙서재에서 그 파란만장한 생애를 마감한다.

∞

고산에 대한 교과서적 평가나 세간의 인식은 그가 보길도에서 세속을 초탈해 유유자적 살아간 은둔의 시인이고 어부사시사나 오우가 등 국문학사에 큰 족적을 남긴 문인이란 것이다. 또 비원, 소쇄원과 함께 한국의

3대 전통 정원 중 하나인 보길도 원림을 조성한 뛰어난 건축가이자 직접 거문고를 만들고 자신의 시에 곡을 붙여 연주까지 했던 뛰어난 음악가, 전방위 예술가였다는 것이다. 하지만 이는 부분적으로만 맞는 이야기다. 세간의 오해와는 달리 실상 고산의 정체성은 예술가가 아니라 정치가였고 대토지 소유 경영자였다. 그가 남긴 시가나 원림 등은 부수적인 것이었다. 고산은 또한 세속을 초탈한 은둔자도 아니었다. 당시 야당인 남인에 속했던 고산은 정치적으로는 크게 성공하지 못했지만 끊임없이 정치적 성공을 꿈꿨던 야심가였다.

젊은 시절 고산은 30세 백면서생의 몸으로 권력의 정점에 있던 이이첨 등 권신들의 부패와 전횡을 탄핵하다 유배형을 산 실천적 지식인이었다. 하지만 관직에 몸담은 이후 고산은 철저한 정치가가 되었다. 고산은 71세의 늙은 나이에도 '1차 예송논쟁'으로 알려진 중앙정계의 권력투쟁에 참가해 패배한 뒤 함경도 삼수로 유배를 가기도 했다. 또 고산은 당시 호남 3대 부호일 정도로 대토지 소유자, 즉 땅 부자였다. 곡창지대인 호남 3대 부자란 이야기는 조선 3대 부자란 이야기에 다름 아니다. 지금으로 치면 한국의 3대 재벌이다. 그러니 정치적으로 실패했더라도 고산은 자신이 지닌 막대한 경제력을 이용해 임진왜란과 병자호란 등 거듭되는 큰 전쟁으로 기아와 질병에 시달리며 고통받던 백성들을 돌볼 수도 있었다. 하지만 고산은 그러지 않았다. 그것을 시대적 한계로만 볼 수도 없다.

고산보다 앞서 평등한 세상을 만들기 위해 혁명을 꿈꿨던 정여립이나 허균 같은 인물도 있고 후대지만 자신의 전 재산을 털어 제주도민을 기근에서 구해낸 김만덕 같은 천민출신 여인도 있었기 때문이다. 그러나 효종 임금의 왕자시절 사부까지 지낸 정치가이자 대부호였던 고산은 자신이 가진 막대한 부를 보길도뿐만 아니라 남양주의 고산이나 해남의 금쇄동과 수정동 등 수많은 곳에 별장과 정원을 만들고 여흥을 즐기는 데 썼다. 도탄에 빠진 백성들의 신음소리가 그치지 않을 때 고산의 정원에서는 〈어부사시사〉 가락 소리가 끊이지 않았다. 〈어부사시사〉에 어부의 풍경만 있고 어부의 현실이 없는 것은 그 때문이었다. 그러므로 정치가로서 고산은 비판받아야 마땅하다. 하지만 보길도를 찾는 사람들은 여전히 고산의 전모를 잘 알지 못한다. 또 어떤 이는 고산에 대한 비판적 관점이 고산을 폄하하는 것이 아니냐고 반문하기까지 한다. 하지만 이는 고산을 폄하하자는 것이 아니라 바로 보자는 것이다. 어느 한쪽 면만을 부각시켜 과대평가하거나 과소평가하지 말고 균형 잡힌 시각으로 바라보자는 뜻이다. 이 또한 역사인물 바로 보기가 아니겠는가.

고산이 비록 이기적인 삶을 살았던 관념적 지식인이고 정치가였지만 그가 남긴 시가와 그가 만든 정원과 그가 발견한 보길도의 아름다움은 여전히 우리 영혼의 양식이 되기에 충분하다. 고산의 자취는 보길도 곳곳에 아로 새겨져 있다. 고산을 빼고 보길도를 이야기할 수 없는 이유다. 나그네는 보길도에서 태어나 오랜 시간 보길도에서 살았다. 어린 시절 할아버지는 늘 윤고산이, 윤고산이 하시면서 고산을 입에 달고 사셨다. 그때는 고산이 어느 이웃마을 사는 할아버지 친구나 되는 줄 알았다. 나중에야 교과서에서 고산에 대해 배우면서 고산이 수백 년 전 옛 사람인 줄 알고 소스라치게 놀랐던 기억이 새롭다. 그만큼 고산은 보길도에서 현존하는 인물이다.

∞

　보길도의 관문 청별(淸別)항은 고산이 뭍에서 온 사람들을 배웅하며 작별을 했던 곳이다. 청별 고개를 넘으면 황원포다. 황원포는 간척으로 인해 그윽한 아취를 많이 잃었다. 아쉽게도 고산이 직접 건축했던 건물들은 보길도에 단 한 채도 남아 있지 않다. 세연지 연못이나 동천석실 등 자연물을 활용해 만든 정원들도 원형이 훼손된 채 일부만 남았다. 지금의 정원은 옛 기록을 토대로 복원한 것이다.

　고산의 보길도 원림은 크게 3대 공간으로 구별된다. 주거공간, 위락공간, 선계 공간. 세연정, 세연지 등은 손님을 접대하거나 스스로 즐기며 놀았던 위락 공간이다. 겨울이면 세연정 정원은 동백의 화원이다. 동백이 아름다운 것은 질 때가 아름답기 때문이다. 많은 꽃들이 꽃 시절에 대한 미련을 버리

당신에게, 섬

지 못하고 갈가리 찢겨가며 떨어질 때 동백은 절정에서 목을 툭 떨군다. 꽃시절에 대한 한 치의 미련도 없다. 그 고결한 동백의 절개를 볼 수 있는 곳이 바로 세연정 원림이다. 세연지 수면 위로 떨어지는 붉은 목숨들을 볼 수 있다면 그것만으로도 보길도에 가야 할 이유는 충분하다.

낙서재와 곡수당 등은 고산과 그 보길도 첩실 자식들이 살았고 고산이 후학을 양성하던 주거공간이다. 고산은 51세 때 13세였던, 38년 연하의 부인 설씨녀를 만나 셋째부인으로 삼고 보길도의 살림을 맡겼다. 지금도 설씨녀와 사이에서 난 고산의 후손들이 보길도에 거주한다. 산중 정원인 동천석실은 고산이 설씨녀와 함께 올라 속세를 내려다보며 차를 마시고 소요하던 선계공간이다. 고산의 정원 중에서 내가 가장 좋아하는 공간이기도 하다.

동천이란 말은 선계를 뜻한다. 고요한 동백나무 터널을 따라 20여 분을 오르면 동천석실이다. 동천석실은 산중턱에 있는 천연의 바위들을 이용해 만든 바위 정원이다. 위태로운 절벽 위에 단칸 정자를 세우고 연못을 팠다. 석실에 오르면 부용동이 한눈에 들어온다. 적자산 줄기의 능선이 비단결같이 부드럽다. 동천 석실이 가진 조경의 뛰어남은 절벽의 정자도, 바위 위의 연못도 아니다. 적자산의 넉넉함이 품어 안은 부용리 마을의 평온함으로 인해 이곳은 비로소 명승이 된다. 고산이 그토록 아꼈던 낭음계와 유상곡수연은 부용리에 들어선 댐 때문에 흔적도 없이 사라져 버렸다.

고산의 유적과 함께 보길도를 꼭 가보고 싶은 섬으로 만든 것은 예송리의 갯돌 해변이다. 천연기념물인 예송리 상록수림 아래 펼쳐진 갯돌밭에 앉아 있으면 끝내 일어나고 싶지 않다. 들고나는 물에 구르는 갯돌 소리는 평생을 두고 못 잊을 음악이 된다. 예송리 해변에 한 폭의 산수화처럼 서 있는 섬들, 기섬과 갈마섬, 당사도, 복생도 등의 섬들의 풍경은 가히 선계를 방불케 한다. 하지만 선계처럼 아름다운 섬들에는 인간사의 애틋한 전설이 깃들어 있다.

∞

예송리와 기섬과 갈마섬, 북섬 등은 아기장수 설화의 무대다. 150년쯤 전 예송리 마을에 김씨 성을 가진 사람이 살았는데 그 집에 사내아이가 태어났다. 어느 날 아이 부모가 일을 나갔다 돌아와 보니 방안에서 푸드득 푸드득 새나는 소리가 들렸다. 이상하게 여긴 부모가 가만히 방 안을 들여다보니 아이가 천장을 기어 다니고 있었다. 겨드랑이에 날개를 달고서. 그 이후의 줄거리는 우리가 익히 알고 있는 아기장수 설화들과 맥락을 같이 한다.

깜짝 놀란 아이의 부모는 아기장수가 나면 삼족을 멸한다는 소문을 들은 것이 생각나 두려움에 어린 아들을 도구통(절구통)에 넣고 도굿대(절굿대)로 짓이겨 죽여버렸다. 참으로 끔찍한 이데올로기의 희생양이다. 그때 아기장수의 군대가 앞세우고 갈 붉은 깃발을 들고 달려오던 병사는 아기장수가 죽자 그 자리에 멈춰서 섬이 되었다. 기섬이다. 그 옆, 안장섬이라고도 하는 갈마섬은 아기장수가 탈 천리마가 달려오다 그대로 멈춰서 섬이 되었다. 북섬은 아기장수 군대의 진군을 알리는 북을 치던 병사가 섬이 된 것이라 전한다. 과거 섬은 권력의 수탈을 피해 숨어든 이들의 피난처였다. 이상향을 꿈꾸고 섬으로 들어왔으나 권력의 수탈이 섬까지 뻗어

오자 섬은 반역향이 되었다. 그들의 꿈은 물거품이 됐으나 섬들은 여전히 꿈을 꾼다.

보길도에는 예송리뿐만 아니라 중리, 통리, 보옥리 공룡알 해변 등 아름다운 해변이 많다. 보길도의 주산인 적자봉에서 보는 그 망망한 풍경도 더없이 아름답다. 하지만 보길도 최고의 트레일은 도치미다. 보길도를 제법 안다는 사람 중에도 도치미를 가 본 사람은 드물다. 보길도 주민들도 도치미를 모르는 사람이 더 많다. 오랫동안 숨겨졌던 비경이기 때문이다. 남도에서는 도끼를 도치라 한다. 도치미란 도끼날 끝처럼 가파른 절벽이라는 뜻이다. 왕복 4킬로미터의 도치미 능선에서는 다도해의 섬과 바다가 환상처럼 펼쳐진다. 마침내 작은 숲을 지나 도치미 절벽에 서면 거기 숨이 딱 멈출 것 같은 절경이 나타난다. 위태로운 절벽인데도 그토록 안온할 수가 없다. 절벽 같은 삶에서도 평화와 안식을 얻을 수 있다는 삶의 진실을 문득 깨닫게 해주는 꿈같은 풍경이다.

Travel Note

보길도의 일몰 포인트는 선창리 망끝 전망대로 알려져 있지만 여름에는 이곳에서 제대로 된 일몰을 감상할 수 없다. 계절에 따라 해 지는 방향이 바뀌기 때문이다. 여름철 일몰은 솔 섬이 보이는 정자리 해변이 제격이다. 그렇다고 솔 섬에 들어가면 그림이 안 나온다. 솔 섬 밖이라야 멋스런 일몰을 감상할 수 있다. 보길도 또한 동백섬이다. 겨울과 봄에 가야 그윽한 향취를 느낄 수 있는 것은 그 때문이다. 요새는 보길도에 가려면 두 섬이 다리로 연결된 노화도를 지나야 한다. 노화도 이목리 선창가에는 늘 바다에서 갓 잡아온 생선들을 파는 작은 어시장이 있다. 이목리 선창가 뒤편에는 또 옛날 영화에나 나올 법한 오래된 옛 골목이 있다. 지금은 쇠락했지만 한때는 목포시내 땅값보다 비쌌던 곳이다. 노화도 식당들의 음식들도 토속적이고 맛깔스럽다.

그 별이 나에게 길을 물었다

바람뿐이랴
냄비 속 떡국 끓는 소리에도 세월이 간다
군불을 지피면
장작 불꽃 너머로 푸른 물결 일렁인다

보길도에 사람의 저녁이 깃든다
이 저녁

평화가 무엇이겠느냐
눈 덮인 오두막 위로 늙은 새들이 난다
저녁연기는 대숲의 뒤안까지 가득하다

이제 밤이 되면
시간의 물살에 무엇이 온전하다 하겠느냐
밤은 소리 없이 깊고

사람만이 아니다
어둠 속에서 먼지며 풀씨,
눈꽃 송이들 떠돌고
어린 닭과 고라니, 사려깊은 염소도
길을 잃고 헤맨다

누가 저 무심한 시간의 길을 알겠느냐
더러 길 잃은 별들이
눈 먼 나에게도 길을 묻고 간다

CHAPTER 4

그 섬에 길이 있었네

그 투명한 시지푸스의 노동

영산도 | 전남 신안

"비록 천국이 우리 행복의 완성이요 완전함을 나타낸다고 해도 우리가 그곳에 갈 수 있는 것은 죽음에 의해서가 아니라 거룩함에 의해서이다."

-로버트 앨스버그

당신에게, 섬

길의 본뜻은 무엇일까. 한자 길 道(도)자는 辶(착)과 首(수)로 이루어진 회의문자(會意文字)다. 그래서 신영복 선생은 "辶(착)은 머리카락 휘날리며 사람이 걸어가는 모양이며 首(수)는 사람의 생각을 의미하니 길(道)이란 곧 사람이 걸어가며 생각하는 것"이라고 풀이한 바 있다. 나그네는 그 뜻을 길이란 통로인 동시에 사유의 길이고, 사유를 통해 자신과 소통하고 자연과 소통하고 나아가 세계와 소통하는 길이란 의미로 이해했다.

하지만 도시의 길들은 자동차와 온갖 장애물들의 위협으로 더 이상 생각에 몰두해 걸을 수 있는 길이 아니다. 그 길들은 오로지 통로로만 기능할 뿐이다. 섬의 오솔길, 흙길들은 안심하고 걸을 수 있는 진짜 사람의 길이다. 이런 섬의 길들을 더 이상 훼손하지 않고 보존하는 일이야말로 이 시대의 정신을 비옥하게 만드는 소중한 토양이다. 많은 길들이 '사유의 확장' 기능을 되찾을 때 이 소란하고 얕은 세상에서 우리의 삶이 더 깊고 고요해질 것을 나그네는 믿는다.

∞

흑산도에서 또 하나의 바닷길을 건넜다. 섬 속의 섬. 홍어의 고장인 나주 영산포는 고려 말 삼별초의 난 이후 흑산도와 영산도 주민들이 강제 이주 당하면서 형성된 마을이다. 군산의 근원인 고군산군도의 선유도처럼 영산포의 원류가 되는 섬이 바로 영산도다. 숲에서 나와야 숲이 보인다. 흑산도는 산이다. 영산도에 오니 흑산이 흑산(黑山)인 이유를 비로소 알겠다. 흑산의 진면목을 볼 수 있는 섬이 또한 영산인 것이다.

영산도 당산에는 단청이 고운 신전, 당집이 있다. 당집에는 산신님, 당할머니 당할아버지, 별방도련님 등 여러 신들이 모셔져 있지만 나그네는 아름다운 소저아기씨 여신님에게 이끌린다. 소저아기씨 초상 앞에서 한참을 머뭇거리다 떨어지지 않는 발길을 돌려 산길을 내려간다.

영산도. 이 작고 푸른 섬에도 숙명처럼 시지푸스의 노동이 있다. 섬에 사는 팔순의 노부부는 노를 젓는 거룻배를 타고 나가 한여름 땡볕의 바다에서 한 배 가득 다시마를 뜯어온다. 두 노인은 거룻배를 해변으로 밀어올린 뒤 손수레로 다시마를 실어나른다. 노인들은 길바닥에 다시마를 한 장 한 장 널어 말린다.

다시마에는 쩍이 잔뜩 끼었다. 식용이 어려울 정도로 상태가 나쁘다. 전복 양식장의 사료로도 팔리지 않을 것이 분명하다. 한동네 사는 여동생이 늙은 오빠와 올케의 노동이 부질없음을 알고 말려 보지만 소용없다. 노부부에게는 그들의 노동이 돈이 되는지 안 되는지는 중요치 않다. 한 순간도 일하지 않고 살아본 적이 없으니, 그리 일하지 않고서는 섬에서 살아남을 수 없었으니, 노부부는 휴식하는 법을 잊은 지 오래다. 그저 노동만이 존재의 이유고 살아있음의 유일한 증거다.

오빠 부부의 무용한 노동을 말려도 소용없음을 잘 아는 늙은 여동생도 끝내는 다시마 말리는 일에 합세한다. 노부부의 수고로움을 조금이라도 덜어주기 위해서다. 참으로 거룩한 노동이다! 늙은 여동생으로 인해 노부부의 노동 또한 거룩해졌다. 시지푸스의 노동처럼 부질없으나 존재의 이유가 되어 주는 노동, 타인의 고통을 덜어주는 노동. 오늘 영산도 바다는 청보석처럼 푸르고 존재의 슬픔은 저토록 투명하다.

Travel Note

흑산도를 거쳐 가야 하니 흑산도 여행과 함께 여정을 잡으면 더욱 좋다. 섬 속의 섬이라 가는 길이 멀지만 한번 들어가면 나오고 싶은 마음이 없어질 정도로 아름답다. 영산도에서의 숙식은 철저히 예약제로만 이루어진다. 영산도의 자연환경이 훼손되는 것을 막기 위해 탐방객 수를 제한하고 적정 인원만 받기 때문이다. 참으로 이 나라 섬들의 미래다. 예약은 명품마을 홈페이지 http://yeongsando.co.kr/

침묵의 소리를 들어라!

내도 | 경남 거제

 태생이 섬이라서 그럴까. 일주일만 바다를 못 봐도 입이 마르고 몸이 바짝바짝 타들어간다. 마침내 바다를 보면 물먹은 건해삼이 부풀어 오르듯이 몸도 다시 살아나며 생기를 되찾는다. 그래서 오늘도 나그네는 섬으로 간다. 거제의 섬, 외도를 모르는 사람은 많지 않다. 하지만 외도 바로 옆 섬 내도를 아는 사람은 드물다. 안이 있으니 바깥이 있듯 내도가 있으니 외도가 있다. 거제 구조라 마을에서 바깥쪽에 있는 섬이 외도고 안쪽에 있는 섬이 내도다. 그래서 내도는 안섬, 외도는 밖섬이다. 본래는 '내조라도'라 했다. 외도가 사람이 가꾼 섬이라면 내도는 자연이 기른 섬이다. 내도는 이 나라 섬 중 드물게 원시림이 살아 있는 곳 중 하나다.
 내도는 거제 구조라 마을 선창에서 10분 거리니 손 내밀면 닿을 듯 지척이다. 내도 숲길 입구에는 오래된 동백나무들이 신장처럼 숲을 호위하며 서 있다. 오랜 세월 모진 바닷바람을 견디며 속이 단단해진 동백나무들은 도끼날도 뚫을 수 없을 만큼 단단하다. 철갑옷으로 무장한 동백나무들의 방어선을 뚫을 수 있는 적군은 어디에도 없으리라. 숲길 초입은 약간 가파르다. 나무와 흙으로 만들어진 계단은 비탈을 오르는 어려움을 덜어

준다. 호흡을 가라앉히고 계단을 오르기 시작하면 오른쪽 비탈에는 편백나무들이 하늘을 뚫을 기세로 솟아올라 내도 숲의 위용을 자랑한다.

  울창한 숲 1헥타르가 1년 동안 생산하는 산소는 5톤에 달한다. 사람 18명이 일 년 동안 숨 쉴 수 있는 양이다. 저 숲 1헥타르가 해마다 18명의 목숨을 살린다. 숲은 마치 "너는 생을 살아오면서 대체 몇 사람의 목숨이나 살려 봤느냐"고 묻는 듯하다. 하지만 숲은 제 한 목숨 부지하기에도 급급한 나약한 인간을 타박하지 않는다. 오히려 험한 세상 "살아내느라 수고했다. 어서 오라"고 품을 열어 감싸주고 등을 다독여준다.

  모든 나무는 자신을 나쁜 세균의 침입으로부터 보호하기 위해 방어물질들을 뿜어내는데 이를 통칭해서 피톤치드(phytoncide)라 한다. 편백나무의 경우 소나무 등 다른 침엽수보다 세배 이상의 피톤치드를 뿜어낸다. 피톤치드는 인간에게도 이롭다. 인체에 기생하는 나쁜 병원균과 해충, 곰팡이들을 퇴치시켜 준다. 피톤치드를 인체가 받아들이면 스트레스가 완화되고 기억력과 집중력이 향상된다고 한다. 피톤치드란 구소련 레닌그라드 대학의 토킨 박사가 그리스어의 '식물(phyton)'과 '죽인다(cide)'는 단어를 합성해서 만든 용어다. 내도 숲의 편백나무들은 세월의 풍파에 시달린 사람들의 몸과 마음을 정화시켜 준다.

∞

　섬이 작으니 내도의 숲길은 다해 봐야 3킬로미터 정도에 불과하다. 그러므로 이 아름다운 원시의 숲을 오래 즐기고 싶다면 보폭을 최대한 늦춰야 마땅하다. 급하게 걸으면 숲길은 금방 끝나고 만다. 섬 밖으로 추방당하지 않으려면 사람들도 달팽이나 거북이처럼 느리게 걸어야 한다. 느리게 걸을수록 우리는 숲이 주는 혜택을 더 많이 누리게 될 것이다. 몸속의 나쁜 기운들은 더 많이 빠져 나가고 숲의 정령들이 불어넣어 주는 맑은 기운은 더욱 충만하게 되리라.
　편백숲을 지나면 다시 미끈하면서도 우람한 근육을 지닌 동백나무들이 앞을 가로막는다. 시인 발레리는 소리가 들리지 않아도 들을 수 있다고 했다. 그것은 침묵의 소리다. 편백보다 더 오랜 숲의 주인인 자신들의 이야기를 들어달라고 동백나무들 웅얼거리는 침묵의 소리가 들린다. 숲이 일렁인다. 바다에서 잔물결을 일으키고 온 바람이 내도의 숲을 흔든다. 오수에 빠져 있던 숲이 놀라 잠을 깬다. 바닷가 숲에서 부는 바람에는 바다의 소리가 담겨 있다. 그래서 섬이나 바닷가 숲의 생태에 익숙하지 않은 이들은 더러 바닷바람에 숲이 일렁이는 소리를 듣고 파도 소리를 들었다고 우기기도 한다. 물론 사실이 아니지만 바람소리를 파도 소리로 들은 것은 그들의 잘못이 아니다. 어찌 바다에서 불어와 섬의 숲을 지나는 바람에 파도 소리가 묻어 있지 않겠는가. 바람은 바다와 숲의 전령이다. 바다와 숲은 바람의 도움으로 하루에도 몇 차례씩 서로의 안부를 묻고 또 묻는다.

이 숲의 바람소리를 들으며 문득 깨닫는다. 바다도 숲의 안부를 궁금해하는데 대체 나의 안부를 궁금해 하는 이가 세상에는 몇이나 될까. 어쩌면 우리가 늘 SNS를 통해 끊임없이 자신의 소식을 타전하는 것은 아무도 궁금해 하지 않는 나의 안부를 알아달라는 간절한 호소가 아닐까. 자신의 존재가 잊혀질 때 사람은 살아도 산 것이 아니다. 기계의 힘을 빌리지 않고서는 서로의 안부를 물을 수도 없는 사람들의 세계. 인간은 이제 기계가 없으면 서로 교감할 수 있는 능력도 아주 사라져 버린 것일까. 사람들이 지금처럼 가상 세계 속에만 빠져 산다면 마침내 인간은 기계를 통하지 않고서는 교감하는 능력을 아주 상실하고 말지도 모른다. 더 늦기 전에 인간이 숲으로, 섬으로, 바다로 가야 할 이유다. 자연은 언제나 그렇듯이 자상한 스승이다. 우리가 더 자주 자연으로 돌아가 그 품속에 안긴다면 자연은 틀림없이 잃어버린 교감 능력을 되살려 줄 것이다.

∞

동백나무 숲 터널을 빠져 나오자 오래된 소나무들이 도열해 있다. 이제 숲길의 막바지다. 솔밭 사이 비탈진 언덕 양지 녘에는 무덤들 몇 기가 나란히 누웠다. 섬에서 태어나 섬에서 살다 섬에서 죽어간 이들의 무덤. 봉분들은 일제히 해변을 향해 봉긋 솟아올라 있다. 해변의 묘지 앞길에서 길은 세 갈래 길. 선택은 자신의 몫이다. 사람들은 누구나 하나씩의 문제를 안고 섬으로 온다. 섬의 숲을 걸으며 자신과 대면하며 문제를 풀어나간다.

이제 저 어린 염소가 길을 잃고 헤매는 동백나무 터널을 빠져 나가면 숲

"소리가 들리지 않아도 들을 수 있다. 그것은 침묵의 소리다"

-폴 발레리

당신에게, 섬

길은 끝이 나고 나룻배는 다시 우리를 뭍으로 데려다 줄 것이다. 길을 찾지 못하고 있는 나그네들에게 숲의 정령이 속삭인다. 절망을 이고 온 자 절망을 털어버리고, 슬픔을 안고 온 자 슬픔을 날려 보내고, 고통을 이고 온 자 고통을 벗어버려라. 시인 발레리는 그의 시 〈해변의 묘지〉에서 "바람이 분다. 살아야겠다"고 노래했다. 바람이 부는 것만으로도 우리가 살아야 할 이유는 충분하다. 마침내 숲의 끝에서 희미한 길이 보이기 시작했다.

Travel Note

내도 여행을 계획할 때는 공곶이와 서이말 등대까지 포함시키는 것이 좋다. 3월 중순에서 4월 중순까지, 내도와 이마를 맞대고 있는 공곶이는 수선화 천국이다. 4만여 평의 공곶이 농원은 동백의 낙원이기도 하다. 330개의 돌계단을 따라 이어지는 200미터의 동백 터널과 종려나무, 조팝나무, 팔손이 등의 나무들과 수선화, 설유화 등 500여 종의 꽃들이 어울려 장관을 이룬다. 공곶이 가는 길 끝에는, 쥐의 귀를 닮았다는 '서이말' 등대가 있는데 등대에서 보는 해금강, 내도, 외도 등의 풍경은 숨 막힐 정도로 아름답다.

어찌 나만이 인생에서 상처받았다 할까

내 마음은 단 하루도 잔잔한 날이 없었으니
심한 풍랑에 부대끼고

인생에서 상처 받았으니
위로 받을 수 없었으니
세상의 길은 나에게 이르러 늘 어긋났으니
시간은 나에게만 무자비한 판관이었으니
어느 하루 맑은 날 없었으니
문밖을 나서면 비를 만났으니
누구 하나 우산 내밀지 않았으니
고달픈 세월의 바람에 나부꼈으니

섬은 바람 속에서 깊어진다

소청도 | 인천 옹진

당신에게, 섬

등대 가는 길. 해 다진 저녁 나그네는 소청도 등대를 찾아간다. 노화동 마을 끝자락 절벽에는 1908년 설치돼 백 년 동안 불을 밝혀온 등대가 있다. 등대로 가는 길은 절벽에서 끝나지만 등대의 길은 절벽에서 비로소 시작된다. 길이 끝나는 곳에서 빛이 시작된다. 등대 불빛은 19마일 바닷길에서 멈추지만 빛의 파장은 끝이 없다. 등대의 불빛으로 인해 소청도 밤바다 어선들의 항로는 평안하다.

삶은 매일 매일이 불안하고 혼돈스럽다. 소청도 등대처럼 삶의 안전을 밝혀 줄 등대는 어디에 있는가. 세상은 칠흑 같은 밤인데 어디에도 불빛 한 점 없다. 어쩌면 삶에는 항로를 알려 줄 등대 따위는 없을지도 모른다. 삶은 정해진 방향을 따라가는 일이 아니라 늘 새로운 방향을 만들어가는 일이기 때문이다. 그저 주어진 삶은 없다. 어디에서도 삶은 삶의 의미를 찾아가는 삶일 뿐. 해안 절벽에 가까워질수록 파도소리 거세지고 섬은 바람 속에서 깊어진다.

소청도에는 설산처럼 흰 바위산이 있다. 눈에 덮인 것처럼 하얀, 이 바위산은 신비롭기 그지없다. 바위산은 표면이 풍화돼 분칠한 것처럼 보인다 해서 분바위란 이름을 얻었다. 분바위는 달빛을 바르면 하얀 띠를 두른 것처럼도 보인다. 월띠란 이름으로도 불리는 것은 그 때문이다. 등대가 없던 옛날, 뱃사람들은 칠흑의 밤바다에서 달빛에 물든 분바위 흰빛을 보고 뱃길을 찾았다. 분바위는 소청도 남동쪽 해변에 있는 대리암 덩어리다. 대리암은 석회암이 변성작용을 받아 생긴 암석이다.

분바위에는 10억 년이라는 시원의 시간으로부터 건너 온 생명의 화석이 깃들어 있다. 스트로마톨라이트(stromatolite)다. 스트로마톨라이트는 바다, 호수 등에 서식하는 남조류나 남조박테리아 등의 화석이 쌓여 암석이 된 것으로 석회암의 일종이다. 한국에서 가장 오래된 스트로마톨라이트다. 이 스트로마톨라이트는 원생대 후기인 10억 년 전에 형성된 남조세균(시아노박테리아)의 화석이다. 남조세균은 지구에서 최초로 광합성을 시작한 원시미생물이다. 남조세균들이 산소를 만들어낸 덕분에 지구상에 무수한 생명이 탄생할 수 있었다. 사람인 우리도 지구에 살 수 있게 됐다.

북한 지역에서는 20억 년 전 생성된 스트로마톨라이트 화석이 보고된 적이 있지만 남한에서 발견된 화석 중에서는 소청도의 화석이 가장 오랜 된 것이다. 지질학적으로 더없이 소중한 자연유산이다. 하지만 이들 자연유산은 일제 때부터 훼손되어 왔다. 소연평도의 자석 철광산과 함께 일제는 소청도의 대리암도 대량 체굴해 갔다. 해방 후에도 1980년대 초까지 소청도에서는 스트로마톨라이트의 무늬를 이용한 문양석 가공 공장이

가동돼 많은 화석들이 사라졌다.

  문화재청은 2009년에야 천연기념물로 지정고시했다. 주민들은 천연기념물 지정으로 생업에 지장이 올까 걱정이다. 그렇다고 주민들을 탓할 일은 아니다. 이 해안은 천연기념물인 동시에 누대를 이어온 주민들 삶의 터전이기 때문이다. 천연기념물 지정이 불편을 주고 불이익을 준다면 반가워할 주민은 누구도 없다. 천연기념물이 제대로 보존되기 위해서는 주민들의 협조가 가장 중요하다. 그래서 천연기념물 지정만큼 중요한 것은 이 자연유산의 보존이 곧 주민들에게 이익이 되도록 만드는 정부의 정책이다.

∞

  혹시 돌 너와집을 아시는가? 소청도에는 최근까지도 돌 너와집이 남아 있었다. 덕적도 진리 마을에도 한 채 있었다. 강원도 산간지방의 나무 너와집은 많이 알려졌지만 돌 너와집을 아는 사람은 극히 드물다. 돌 너와는 기와보다 견고했다. 그래서 기와 천년 (돌)너와 만년이란 말도 있었다. 20세기 들기 전까지만 해도 소청도의 집들은 대부분 볏짚이나 띠(새)로 엮은 이엉을 얹었다. 그런데 1900년 초에 노순국이란 이가 소청도에서 넓적하고 반듯한 돌 너와 광맥을 발견했다. 이때부터 소청도 사람들은 지붕 걱정이 없어졌다. 모두들 돌 너와로 지붕을 덮었다. 너와의 발견이 섬사람들에게는 축복이었다. 하지만 1970년대 중반 새마을 운동 때 너와가 벗겨지고 슬레이트가 지붕을 차지했다. 초가지붕이야 해마다 해 올리기 번거롭기 때문에 바꾸는 것도 이해가 되지만 기와보다도 더 견고한 너와를 버리고 인체에 유해한 석면 덩어리 슬레이트를 덮게 한 것은 코미디였다.

당신에게, 섬

그런데 몇 해 만에 다시 소청도를 찾아오니 마지막 한 채 남았던 돌 너와집이 허물어지고 그 자리에 방공호가 들어섰다. 덕적도의 돌 너와집도 사라져 버렸다. 사람들은 오래된 것만 보면 없애지 못해 안달이다. 시기심 많고 순간의 존재에 불과한 인간이 영원처럼 보이는 것들을 도저히 참을 수 없어서 그런 것은 혹시 아닐까!

∞

소청도 인근의 백령도는 자급자족이 가능할 정도로 농토가 넓다. 대청도도 농토가 제법 넓고 산림이 울창하다. 하지만 소청도가 가진 자원은 바다뿐이다. 주민들 80% 이상이 수산업에 종사한다. 그래서 예부터 이 지방에서는 "먹고 남는 백령도, 때고 남는 대청도, 쓰고 남는 소청도"란 이야기가 있었다. 바다에서 벌어들인 수입이 그만큼 컸단 뜻이다.

사람들은 홍어하면 흑산도만 떠올리지만 한때 소청도는 백령도나 대청도와 함께 홍어잡이로도 유명했었다. 홍어잡이로 돈을 쓸어 담은 적도 있었다. 지나친 남획으로 이제 홍어는 거의 사라졌고 어선들은 놀래미 잡이로 돌아섰다. 일제하에서는 대마도의 잠수부들이 대거 몰려와 전복, 해삼 등을 마구잡이로 채취해 갔다. 그 후에도 제주도 해녀들까지 와서 작업을 할 정도로 소청도 근해는 옛날부터 해삼의 대량 서식처다. 지금도 소청도 바다에서는 해삼이 많이 잡힌다.

서유구(1764~1845)의 〈임원경제지〉 전어지(佃漁志)편에는 "해삼은 바다의 생물 중 사람을 가장 이롭게 하는 것"이라 했다. 해삼은 동물 중 드물게 알칼리성이다. 해삼은 어떤 생물보다 재생력이 강하다. 배를 따서 내장을 꺼낸 뒤 바다로 돌려보내면 일주일 안에 배가 아물고 3개월이면 다시 내장이 꽉 찬다. 반으로 잘라도 70일이면 두 개의 독립된 개체로 살아난다. 그래서 일본의 시코쿠지방에서는 해삼 내장만을 얻기 위해 해삼을 양식한다. 해삼의 내장을 꺼내고 다시 바다에 넣어 내장을 재생시키기를 거듭하는 것이다. 여전히 바다에 기대 살아가는 섬사람들도 해삼처럼 생명력이 강하다.

Travel Note

서해5도 중에서도 소청도, 대청도, 백령도는 쾌속선으로도 3~4시간이 족히 걸리는 먼 바다의 섬들이다. 교통이 가장 큰 문제다. 파도 때문에 결항이 잦은 겨울이나 여름에는 피하는 것이 좋고 봄, 가을이 좋다. 장시간 배를 타는 것이 부담스러우면 시간 여유가 있을 때 세 섬을 함께 가는 것도 방법이다. 해외여행을 간다 생각하면 크게 어려울 것도 없다. 여객선 운임도 만만치 않은데 서해 5도나 덕적면, 자월면들의 섬들은 옹진군청 홈페이지를 통해 여객운임지원 신청을 하면 50%의 요금을 지원받을 수 있다.

소매물도 보러 대매물로 간다

대매물도 | 경남 통영

　대매물도라 하지만 소매물도에 비해 크다는 것일 뿐 면적 1.8제곱킬로미터, 해안선길이 5.5킬로미터의 아담한 섬이다. 대매물도는 소매물도와 함께 한려해상국립공원에 포함되어 있다. 그래서 최근 대매물도에는 한려해상국립공원에서 만든 해품길이라는 5.2킬로미터 거리의 트레일이 생겼다. 아직 섬에 오는 사람들은 많지 않지만 머지않아 이 섬에도 관광객들이 구름처럼 몰려들 것으로 예감된다. 대매물도 만큼 풍광 좋은 트레일은 다른 섬들에서는 좀체 찾아보기 어렵기 때문이다. 거리는 짧지만 풍광은 청산도나 금오도 트레일보다 빼어난 면이 있다.
　당금마을 분교 뒤 안 해변을 따라 이어진 해품길을 걷는다. 이 길에서는 한없이 푸른 남태평양 바다가 드넓게 펼쳐진다. 해안 절벽을 따라 이어지는 오솔길은 더없이 편안하고 한가롭다. 아직 사람들이 많이 찾지 않는 까닭에 길은 온전히 나그네의 길이 된다. 숲길을 지나면 거기 환상처럼 초지가 나타난다. 섬에 넓은 초지가 있는 것은 과거 인구가 많을 때 화목으로 베어낸 때문이다. 게다가 산비탈까지 개간해서 일구던 밭을 묵혀두니 그 또한 초지가 되었다. 근래에는 소나무 재선충에 걸려 베어진 소나무들

이 많아 초지는 더 넓어졌다. 그로인해 시야도 확 트였다.

  섬에서 만나는 녹색의 드넓은 초지는 이방의 감성을 자극한다. 섬은 그래서 여권 없는 해외여행이 된다. 길은 약간의 경사가 있지만 대체로 평탄하다. 섬의 뒤 안은 기암괴석이 즐비하고 가파른 산비탈 바위틈을 비집고 자라난 잣밤나무나 동백나무 같은 상록수들은 몽실몽실 피어난 초록의 꽃 같다. 그 위로 쏟아지는 남국의 태양빛이 눈부시다. 길을 걷다 보니 산의 고갯마루까지도 전에는 온통 밭이었다. 간간이 보이는 산정의 돌담들은 밭의 흔적이다. 바람으로부터 작물을 보호하기 위해 섬에서는 밭에도 돌담을 쌓았었다.

  장군봉 전망대에 서니 소매물도와 등대섬이 손에 잡힐 듯 가깝다. 소매물도가 아름다운 섬인 것을 비로소 알겠다. 소매물도 산정에서는 등대섬만 보이지만 여기서는 소매물도와 등대섬을 함께 볼 수 있다. 숲에서 나와야 숲이 보이는 법. 소매물도와 등대섬을 조망하기에 대매물도보다 더 좋은 곳은 없다.

∞

  장군봉에서 섬 뒷길을 따라 꼬돌개로 넘어간다. 소매물도와 머리를 맞대고 있는 꼬돌개는 섬사람들의 슬픈 역사가 깃들어 있는 곳이다. 1810년경 비어 있던 대매물도에 첫 이주민이 들어왔다. 고성에서 건너온 이주민들은 꼬돌개에 집을 짓고 정착했다. 산비탈에 논밭을 일구고 해초를 뜯고 물고기를 잡아 삶을 이어갔다. 뭍에서는 도저히 먹고 살길이 없어서 망망대해의 낙도까지 흘러들어온 유민들이었다. 유민들이 정착민이 되어 살

만하겠다 싶을 무렵 괴질(콜레라)이 돌았다. 결국 첫 이주민들은 전원이 몰살당했다. 괴질로 한 사람의 생존자도 없이 다 꼬돌아졌다(쓰러졌다) 해서 생긴 지명이 꼬돌개다. 1869년 고성, 사천 등지에서 들어온 2차 정착민이 지금 주민들의 조상이다. 이들은 꼬돌개에서 일차 정착민이 살던 집터와 구들장, 밥그릇, 숟가락 등을 발견했다고 전한다.

폐촌이 된 꼬돌개 마을에서 대항마을로 이어진 길은 그야말로 옛 오솔길이다. 겨우 한두 뼘이나 될까 말까 한 좁고 구불구불한 흙길은 발로 밟는 것만으로도 기분이 좋아진다. 손대지 않은 진짜 옛 길, 이 길이야말로 문화재다. 더 이상 확장하거나 손대지 않는다면 이 섬의 진짜 보물이 될 것이 분명하다.

대매물도 해녀들도 전복, 소라, 성게, 석화 등 해산물을 채취한다. 오늘 나그네는 선창가에 앉아 노 해녀가 막 잡아온 손바닥만 한 석화에 술잔을 기울인다. 한 개가 한 접시나 되는 석화의 맛은 마치 진짜 진한 우유를 마시는 것처럼 고소하다. 괜히 굴을 바다의 우유라 한 것이 아니구나! 이 또한 섬과 바다가 주는 여행의 큰 즐거움이다.

∞

도깨비, 세상에 이보다 더 어리숙한 신(神)이 또 어디에 있을까. 어린 시절 고향 섬마을 산속 외딴집에 살던 친구의 아버지는 밤마다 고갯길에서 도깨비를 만났다. 친구 아버지는 그때마다 술에 취해 있었고 도깨비는 언제나 씨름을 하자고 졸랐다. 하지만 결과는 늘 같았다. 친구 아버지의 완승. 다리가 하나뿐인 그 도깨비는 씨름으로는 결코 다리 둘인 사람을 이

길 수 없다. 그런데 지치지도 않고 씨름을 하자고 덤비는 미련함이라니! 친구 아버지가 다음날 낮에 멀쩡한 정신으로 도깨비와 씨름하던 장소에 가보면 쓰다 버린 빗자루가 있었다 한다. 여름밤이면 마당에 멍석을 깔고 앉아 들었던 다른 도깨비 이야기들도 결코 무섭지가 않았다. 섬은 온통 도깨비와 귀신 투성이었다. 사람과 도깨비, 귀신들이 함께 어우러져 살던 시절의 이야기다.

도깨비는 민간신앙에서 믿어지는 초자연적 존재 중 하나다. 도채비·독각귀(獨脚鬼)·독갑이(狐魅)·허주(虛主)·허체(虛體)·망량(魍魎)·영감 등의 다양한 이름을 지니고 있다. 귀신과는 달리 도깨비는 인간에게 크게 해를 끼치지 않는다. 심술궂고 장난을 좋아하지만 도깨비는 자신이 가진 초자연적인 능력으로 인간에게 도움을 주기도 하는 존재였다. 그래서 제주도를 비롯한 섬 지방에서는 더러 집안의 수호신인 '일월조상'이나 어선의 수호신, 대장간의 신, 마을의 당신(堂神)으로 모셔지기도 했다.

귀신은 사람이 죽은 뒤 그 영혼이 변한 것이고 도깨비는 돌이나 나무 같은 자연물이 변해서 생긴 것이라 믿어진다. 조선 중기의 학자 권별의 문헌 설화집인 〈해동잡록(海東雜錄)〉에도 "도깨비는 산과 바다의 음령(陰靈)한 기운이며, 풀·나무·흙·돌의 정기가 변해서 된 것"이라고 기록되어 있다. 또 사람이 쓰던 물건이 변해 도깨비가 되기도 한다. 부지깽이나 빗자루, 절구공이, 소쿠리, 방석 같은 것을 버리면 도깨비로 변하는 것이다. 그래서 옛날 시골에서는 그런 것들이 도깨비로 변하지 말도록 불에 태워 버리곤 했었다.

과거 대매물도의 수호신은 도깨비였다. 대매물도 당금마을 바로 건너편에는 어유도란 섬이 있다. 대매물도 사람들은 어리섬이라 한다. 사람이 살았었지만 지금은 무인도다. 대매물도 당금마을과 어유도 사이에는 매섬이라는 작은 바위섬이 있다. 어유도 바다에는 유난히도 물고기 떼가 많이 몰려들었다. 그래서 이름도 물고기가 노는 섬이다. 매섬은 물고기를 노리는 매를 닮았다 해서 생겨난 이름이라고 한다. 흑비둘기와 황조롱이가 서식하고, 희귀식물들과 상록활엽수림이 무성한 어유도는 지난 2000년부터 통영시가 생태계 보전지역으로 지정해 보호하고 있는 섬이기도 하다.

그 어유도에는 허칭이 강정이란 곳이 있다. 허칭이는 허깨비, 강정은 파도의 침식으로 암벽의 연약한 부분이 뚫리거나 무너져 내려 우묵하게 패인 곳을 일컫는 통영 말이다. 옛날 대매물도 어부 한 사람이 어유도 허칭이 강정 아래 바다로 낚시를 갔다. 물고기가 너무도 잘 물어 시간가는 줄 모르고 정신없이 잡았다. 그런데 어느 순간 허칭이 강정에서 돌멩이들이 날아와 풍덩 풍덩 소리를 내면서 떨어졌다. 도깨비가 나타났다고 생각한 어부는 기겁을 하고 배를 몰아 대매물도로 돌아왔다. 어부가 배에서 내리고 얼마 후 샛바람이 불고 큰 풍랑이 몰려왔다.

그 후로도 어부들이 허칭이 강정 부근에서 낚시를 하는데 돌멩이가 날아오면 서둘러 대매물도로 돌아왔고 얼마 후면 꼭 풍랑이 몰아쳤다. 섬사람들은 도깨비가 풍랑이 오는 것을 알려주기 위해 돌을 던진다고 생각하게 됐다. 그래서 강정의 이름이 허칭이 강정이 됐다. 거문도 어부들을 풍랑의 위협으로부터 구해 준 것이 신지끼라면 대매물도 사람들을 구해 준 것은 허칭이, 허깨비처럼 실상을 알 수 없는 도깨비다. 섬사람들을 보호해 준 그 초자연적인 존재가 인어든 도깨비든 섬사람들에게는 더없이 고마운

"온전한 걷기란 단지 다리 근육의 운동만을 의미하지 않는다. 그것은 잠들어 있는 생각을 깨우고 생각의 폭을 넓히는 정신의 운동이기도 하다."

-강제윤, <걷기의 의미> 중에서

생명의 은인들이다. 옛날 섬사람들은 생존을 위해 자연의 소리는 물론 초자연의 소리에까지 귀 기울일 줄 알았다. 험난한 바다에서 살아남기 위한 생존의 지혜였다. 우리의 귀는 초자연의 소리를 들을 수 있을까. 더 이상 자연의 소리도 들을 수 없게 퇴화해 버리지는 않았는가. 그러므로 우리가 섬으로 가는 것은 잃어버린 원시의 청력을 회복하러 가는 길이기도 하다. 나그네는 또 이 섬과 바다에서 어떤 이야기들을 듣고 올 수 있을까.

Travel Note

나그네는 대매물도에 가면 꼭 당금마을에 숙박을 정한다. 인심이 후하고 음식이 맛있기 때문이다. 대매물도 바다에서 나는 해초와 해산물로 민박집에서 차려내는 밥상은 진정한 슬로푸드고 로컬푸드다. 맛 또한 일반 식당들과는 달리 토속적인 맛을 그대로 유지하고 있다. 민박집에 미리 부탁을 하면 해녀들이 직접 잡은 전복, 해삼, 멍게는 물론 어른 손바닥보다 큰 석화도 맛볼 수 있다.

에코아일랜드

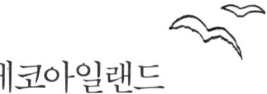

연대도 | 경남 통영

　연대도에는 '지겟길'이란 걷기 길이 있다. 옛날 섬사람들이 지게를 지고 나무를 하러 다니던 섬 둘레길을 걷기 길로 복원한 것이다. 섬의 5부 능선을 따라 2.2킬로미터의 오솔길이 이어져 있다. 지금 이 길은 그저 산책길이지만 섬사람들에게는 생존의 길이었다. 고개 넘어 물 길러 가지 않고 높고 깊은 산까지 나무하러 다니지 않는 것만으로도 노인들은 세상이 천국이 됐다고 말씀하신다. 그 뜻이 어찌 이해되지 않으랴. 통로는 두 군데이지만 태양광 발전소 쪽 입구에서 출발해 에코체험센터 쪽으로 나오는 길이 쉽고 경관도 아름답다.

　지겟길을 따라 걷다 섬의 뒤꼍에서 나그네는 연대봉 산길을 오른다. 그냥 걷기도 쉽지 않은 이런 험한 산길을 예전에는 다들 한 짐 가득 나무를 지고 다녔다. 여자들도 땔나무 한 단씩 머리에 이고 다녔던 고생길. 연대도란 이름은 조선시대 삼도수군 통제영에서 왜적의 동향을 알리기 위해 섬 정상인 연대봉(220m)에 봉수대를 설치한 데서 비롯됐다. 연대봉 봉수대는 허물어져 돌들이 뒹굴고 숲은 우거져 바다가 보이지도 않는다. 봉수대는 봉화불만을 피워 올리는 곳이 아니었다. 봉(烽)은 밤에 불을 피워 올리는 것

이고 수(燧)는 낮에 연기를 피우는 것을 말한다. 봉화불은 장작이나 화약을 사용하기도 했지만 그보다 더 많이 사용한 재료는 따로 있다. 승냥이 똥이다. 동물의 똥이 군수품이었던 셈이다. 승냥이 똥에는 인이 섞여 있어 그 불빛이 푸르고 멀리까지 보이기 때문에 봉화불의 재료로 사용됐다.

봉수대 옆에는 섬의 당이 있고 당산나무가 있다. 연대도에 있는 4곳의 신전 중 가장 격이 높은 윗당이다. 신전에서 모시는 신단수는 희귀하게도 물푸레나무다. 신전은 건물이 없고 돌담을 둘렀다. 신전 입구는 새끼줄로 금줄을 쳐서 이곳이 신성한 영역임을 표시했다. 금줄에는 솔가지가 꽂혀져 있다. 부정을 방지하기 위함이다. 당산나무인 물푸레나무와 제단 돌에는 콩짜개 덩굴이 뒤덮여 신령한 푸른빛을 더한다. 물푸레나무는 신령스런 숲의 주인이다. 무당과 제관으로 뽑힌 주민들이 해마다 직접 솥을 가지고 와서 밥을 지어 올리며 제를 지냈었다. 지금도 정월 초하루에서 5일 사이, 길일을 택해 당제를 지낸다. 제관이나 무당 대신 뭍에서 초청한 스님이 제를 지내주는 것으로 바뀌었을 뿐 주민들의 정성은 여전하다.

신목인 물푸레나무는 물을 푸르게 한다 해서 붙여진 이름이다. 물푸레나무 가지를 꺾어 물에 담그면 푸른 물이 우러난다. 물푸레나무는 질기고 단단하기로 유명하다. 겨울 물푸레나무는 못도 안 들어간다 할 정도다. 그래서 도끼나 망치, 호미, 낫, 괭이 등의 자루로는 최고다. 형벌을 내리던 곤장이나 감옥의 창살로도 이용됐던 것은 그 때문이다. 이 땅에서는 물푸레나무가 당산나무로 모셔지는 경우가 드물지만 북유럽 신화의 이그라드실 물푸레나무는 '하늘과 땅, 지구의 중심까지 삼계를 이어주는 우주목'이다. 북유럽 신화에서는 주신인 오딘까지도 물푸레나무에게 지혜를 얻어가곤

한다. 불과 백 년을 살기 어려운 인간에게도 세월의 경륜이 쌓이면 지혜가 생기고 혜안이 열리는데 하물며 수천 년을 사는 나무들에게 어찌 신령이 깃들지 않을 까닭이 있겠는가.

∞

숙종 44년(1718년) 군창(軍倉)에 속해 있던 연대도의 30여 마지기 땅이 충무공 사당인 충렬사의 사패지(賜牌地)로 지정되었다. 사패지란 임금이 왕족이나 공신 등 국가에 공로가 있는 사람에게 공신전 등을 내리고 그 토지에 대한 지배권을 문서로 보증해 준 땅이다. 사패지인 연대도에서 나오는 곡식으로 제사비용을 충당하게 했으니 주민들은 모두가 충렬사의 소작인이었다. 300석 보리농사를 지으면 150석을 공출해 갔다. 무려 5할의 소작료였다. 조선왕조시대에 국왕에 의해 하사된 땅의 지배권이 민주공화국인 대한민국에 와서도 이어졌다. 1989년에 와서야 주민들은 공시지가대로 땅값을 물고 제 땅을 만들 수 있었다. 자기 땅에 살면서 식민지를 살았던 서러운 삶이 비로소 청산된 것이다.

불교 사원의 다비식을 제외하면 옛날 이 땅의 장례풍습에서 화장은 극히 드물었다. 그런데 특이하게도 연대도에는 화장의 풍습도 있었다. 섬에는 두 개의 화장터가 있었다. 날이 좋을 때는 어둠골에서 화장을 하고 날씨가 궂을 때는 꼬리섬에서 화장을 했다. 화장터는 배를 타야만 갈 수 있었다. 마을의 반대편 산 아래가 어둠골이었다. 화장의 풍습이 생긴 것은 농토의 부족 때문이었다. 어부지리호 이상동 선장도 그의 아버지가 돌아가셨을 때 직접 화장을 했다.

마을 뒷산에는 상여막이 있었다. 초상이 나자 이상동 선장은 아버지의 시신을 관에 넣고 상여에 태워 마을을 한 바퀴 돌았다. 다음에는 뗀마(노 젓는 배)에 상여를 태워 어둠골까지 싣고 갔다. 거기서 상여는 해체하고 화장을 준비했다. 바닥에 마른 나무를 깔고 그 위에 생나무를 놓고 또 그 위에 관을 올린 다음 다시 마른 나무를 올리고 맨 위에는 생솔가지를 덮은 뒤 불을 질렀다. 생나무를 쓴 것은 겉에만 불이 나는 것을 방지하고 안까지 서서히 불이 타도록 하기 위함이었다. 밤새 화장이 끝나고 다음날 아침 아버지의 뼈를 수습해 절구통에 빻아서 바다에 뿌렸다. 부근을 지나가던 배들은 으슥한 섬의 골짜기에서 밤새 불이 타는 것을 보고 도깨비불이라고 오해하기도 했었다. 또 어떤 뱃사람들은 화장터인 줄 모르고 언 몸을 녹이기 위해 불을 쬐기도 했다.

∞

　인구 80여 명의 작은 섬이 생태에너지의 메카가 됐다. 이 섬은 생태에너지 생산과 지속가능 발전의 모범 사례로 방문객이 끊이지 않는다. 요즈음 연대도는 온 마을이 햇빛 발전을 통해 생산된 전기만을 사용하고도 남는다. 그래서 대다수 주민들의 전기요금도 1천원 미만으로 줄었다. 옛날 외적의 침입을 알리기 위해 봉화를 올렸던 연대도가 이제는 생태에너지의 봉화를 밝히는 희망의 섬이 되었다.
　연대도가 생태에너지로 에너지 자립을 이룬 것은 지난 2011년 3월 150킬로와트 규모의 태양광 발전소를 완공하면서부터다. 태양광 발전소 건립은 2007년 3월부터 시작된 연대도 생태섬 조성 사업에서 비롯됐다. 처음

추진 당시에는 어려움이 많았다. 주민 설명회 때 주민들 대다수는 에코아일랜드 사업에 냉소적이었다. 생태섬을 기획하고 추진한 〈푸른 통영 21〉 윤미숙 전 사무국장은 2년여 동안 50여 차례나 연대도를 방문해서 주민들과 공감대를 조성하려 노력했다. 실상 사업을 실행하는 것보다 주민들의 마음을 얻는 것이 더욱 힘들었다. 당시 진의장 통영시장까지 직접 섬을 방문해서 사업 설명회를 가졌다. 결국은 주민들도 마음을 열었다. 주민들의 동의와 적극적인 참여를 이끌어내지 못했다면 사업은 성공하지 못했을 것이다.

2011년에는 연대도 마을 회관과 비지터센터, 경로당이 패시브하우스로 건축됐다. 또 2012년 4월에는 폐교된 분교 자리에 역시 패시브하우스인 에코체험센터를 완공했다. 패시브하우스는 외부 화석에너지를 사용치 않고 철저한 단열과 자연에너지를 이용해 냉난방을 하는 건물이다. 나그네는 몇 번 한 여름 에코체험센터에서 며칠을 묵어본 경험이 있다. 나그네가 운영하는 답사모임 〈섬학교〉 참가자 50여 명이 함께 건물을 사용했다. 그 많은 사람들이 북적이는데도 건물은 쾌적하고 시원했다. 1인당 하루 숙박료 1만원을 내고 이렇게 시원한 여름을 보낼 수 있는 시설이 또 있을까 싶었다. 화석에너지를 사용한 전기로 돌리는 에어컨을 트는 곳이라면 불가능한 일이다. 천연 에어컨을 사용했기에 가능한 일이다. 지열 덕분이다. 지열냉방은 기초공사를 할 때 땅을 깊이 파서 지열을 끌어올려 사용하는 시스템이다. 연대도 땅속의 공기는 연중 17도 내외로 일정하다. 30도가 넘는 무더운 여름에 땅속의 찬 공기를 끌어오니 건물 안은 그대로 천연 냉방이 되었던 것이다.

생태섬 연대도에는 생태에너지 시설만 있는 것이 아니다. 오랫동안 묵혀져 있던 33층 다랭이 꽃밭을 일구어 봄, 여름이면 연대도는 꽃섬으로 변신한다. 마을주민들이 가꾸는 꽃밭에는 꽃양귀비, 감국, 구절초, 수레국화, 분꽃 등이 다투어 핀다. 꽃길을 걸으며 한려수도의 수려한 바다 풍경을 감상할 수도 있다. 이 다랭이 꽃밭의 꽃들은 그대로 시들어버리는 것이 아니다. 마을 기업인 할매공방에서 할머니들이 가공을 해 소득에 보탠다. 할머니들은 다랭이 꽃밭의 꽃들을 따다가 국화차, 쑥차, 민들레차 등을 만들어 판매하고 섬에서 생산되는 방풍 나물 같은 농산물로 절임식품을 만들어 팔기도 한다. 사람들의 마음을 환하게 해주는 꽃들이 마을 주민들의 살림도 환히 꽃피게 해준다.

Travel Note

최근 연대도와 만지도 사이에 사람만 다닐 수 있는 출렁다리가 생겼다. 다리가 생기고 유명세를 타면서 두 섬에 관광객들이 물밀듯이 몰려들고 있다. 한적함이 사라진 것이 안타깝지만 다리 덕분에 두 섬을 함께 볼 수 있다는 것은 행운이다. 만지도에서 내려 만지도를 먼저 돌아본 뒤 연대도로 건너가는 것이 좋다. 서너 시간이면 두 섬 모두를 걸을 수 있다.

바람의 장례

청산도 | 전남 완도

슬로시티로 지정되고 '청산여수길'이라는 트레일(걷기 길)이 생기면서 청산도를 찾는 사람들이 많아졌다. 청산여수길을 걷는다. 도락리 동구정 길 언덕을 오르면 영화 서편제 속의 그 구불구불한 길이 나타난다. 하지만 이 길에서 가장 아름다운 풍경은 시멘트로 포장돼 버린 서편제길이 아니다. 보리밭 가운데 서 있는 드라마 세트장도 아니다. 당리 당집이다. 서편제길 초입 솔밭 안 돌담에 쌓여 있는 낡은 건물이 당집이다. 하지만 서편제 촬영지에 대한 안내판은 대문짝만하게 서 있는데 당집에 대한 안내판은 어디에도 없다. 당집 앞에 작은 비석만 하나 서 있을 뿐이다. 오랜 세월 섬사람들의 신앙의 성소였고 섬을 지키는 수호신을 모셨던 신전이 지금은 영화나 드라마 세트장만큼도 대접을 못 받고 있다. 저 당집이야말로 살아 있는 문화재가 아닌가.

지나가는 사람들 또한 영화 서편제나 드라마 봄의 왈츠 세트장만 찾을 뿐 당집에는 눈길조차 주지 않는다. 저 당집은 본래 한내구(韓乃九) 장군을 주신으로 모셨던 신전이다. 구전에 따르면 한 장군은 신라시대 청해진 장보고 대사의 부하였다. 한 장군은 청산도를 지켰고 주민들의 신망이 높았다. 한 장군이 노령으로 죽자 섬 주민들은 돌무덤을 만들어주고 그 옆에 당집을 지어 수호신으로 모셨다. 과거 당집은 신성한 장소였다. 당집 앞으로는 상여 같은 부정한 것이 지나다니지 못했다. 말이나 가마를 타고 가던 이들도 당집 앞에서는 내려야 했다. 당리 마을 주민들은 지금도 해마다 정월 초사흗날이면 정성껏 당제를 지낸다. 참으로 귀한 풍습이다.

∞

이 들길의 마을들, 청계리와 원동리에는 다른 지역에서는 찾아볼 수 없는 희귀한 논들이 남아 있다. 국가 중용농업유산 1호로 지정된 구들장 논이다. 옛날에는 섬이나 뭍이나 귀한 것이 쌀이고 논이었다. 삿갓 놓을 땅만 있어도 논을 만든 것이 산간 지방의 '삿갓배미'고 비탈진 언덕까지 층층이 논을 만든 것이 남해 등지의 다랭이 논이다. 청산도 또한 비탈진 땅이 많아 논을 만들기 쉽지 않았다. 그래서 생긴 것이 구들장 논이다. 축대를 쌓아 평지를 만들고 논바닥에 구들돌같이 넓적한 돌을 깔고 개흙 칠을 해서 방수처리를 한 뒤 흙을 덮어 물을 가두고 논을 만들었다. 그토록

척박한 섬이었으니 '청산도 큰 애기 쌀 서 말도 못 먹어보고 시집간다'는 속담도 생겼을 것이다.

구장리 마을 앞산, 어느 집안의 선산일까. 초분 한 기가 땅 위에 떠 있다. 풍장, 초분은 마치 풀로 지붕을 덮은 배 같다. 이승을 떠났지만 초분의 주인은 땅속에 묻히지 못하고 땅 위에 모셔져 있다. 초분은 볏짚으로 이엉을 엮어 망자의 관을 덮었다. 볏짚은 삭을 대로 삭았다. 초분 주인의 후손들은 이엉을 푸른 그물로 씌우고 나일론 줄로 다시 묶었다. 임시 주거지에서의 거주기간이 끝나면 초분의 주인도 청산도 땅 한 모퉁이에 아주 터를 잡게 될 것이다. 청산도에서는 설 명절을 전후해 초상이 나면 어김없이 초분을 쓴다. 몇몇 사람만 참가해서 임시 장례를 하는 것이다. 정식 장례는 매장 때 다시 치른다.

매장은 초분을 쓰고 3년이 지나야만 가능하다. 풍수에게 길일을 받아서 매장을 하지만 그해 길일이 없다고 판명나면 또 3년을 기다린다. 그래서 과거 어떤 초분의 주인은 십 몇 년씩이나 땅에 묻히지 못하는 경우도 있었다. 초분은 풍장이다. 풍장은 살이 풍화되고 남은 뼈만 추려내 매장을 하는 2중 장례 풍습이다. 지금은 섬 지방에서도 초분을 보기가 쉽지 않지만 근래까지도 서남해의 섬에서는 초분이 흔했다. 뭍에서는 옛날에 사라진 이중 장제가 섬 지방에서 유달리 오랫동안 이어져 온 것은 섬이란 폐쇄적 공간의 신앙행위와 무관하지 않을 것이다.

세계의 많은 지역에서는 여전히 이승과 저승 사이 강을 건너 죽은 자들이 저승으로 간다고 믿는다. 아프리카 요루바 족의 원로들은 저승으로 가는 강을 건너기 위해 카누에 매장되기도 한다. 섬사람들에게 바다란 현세

삶의 공간으로만 기능하는 것이 아니다. 어제는 섬을 집어삼킬 듯 풍랑 거세던 바다가 오늘은 또 간데없이 평화롭다. 바다란 늘 삶을 이어주는 생명의 바다인 동시에 삶을 끊어버리는 죽음의 바다이기도 하다. 삶을 건너는 일만이 아니라 죽음을 건너는 데도 배가 필요하다. 삶과 죽음을 가르는 생사의 바다. 섬사람들은 그 바다를 건너게 해주는 연락선으로 초분을 만들어 이용했던 것은 혹시 아닐까.

∞

청산항 간이 어판장 좌판에서 초면의 나그네와 한 사내가 돌멩게 한 접시를 놓고 소주를 마신다. 청산항에서 발이 묶인 길손들이 각자 술 한 잔 하러 나왔다가 합석했다. 사내는 목포 전자제품 대리점에서 일한다. 사내는 청산도에 전기 히터를 설치하러 왔다가 배를 놓쳤다. 목포에 오기 전까지 사내는 부산에 살았다. 낯선 목포 땅에 살게 된 것은 순전히 사랑 때문이었다. 사내는 경북 예천이 고향이지만 조실부모하고 부산으로 이주해 동생들을 키웠다. 열한 살 때 전포동에서 재봉일을 시작했다. 열여덟 살부터 스무 살까지는 멸치잡이 배를 탔다. '조직' 생활도 했다. 뱃일을 그만두고 놀던 때였다.

여자 친구와 부산 백악관 나이트클럽엘 갔다가 '스카우트' 됐다. 옆 좌석의 일행 중 한 사람이 자꾸 여자 친구에게 '집적'거렸다. 일행은 모두 7명. 세 번쯤 경고했지만 숫자가 많은 취객들 눈에 사내의 말은 씨알도 먹히지 않았다. 7명과 붙었다. 셋을 쓰러뜨린 뒤 나중에는 맥주병을 깨들고 위협하니 그들도 더 이상 덤비지 못했다. 싸움이 수습되자 나이트클럽 매

당신에게, 섬

니저가 사내를 불렀다. 대뜸 "너 내일부터 일해라. 안 하면 죽는다" 했다.

나이트클럽은 부산지역 최대 폭력조직이 운영하는 곳이었다. 나이트클럽에서 심부름하다가 한 달 뒤에 정식 조직원이 됐다. 또 한 달이 지난 후 조직의 명령으로 경쟁 조직의 조직원을 '담그고' 감옥에 갔다. 초범이라 1년 남짓 살았다. 출소 뒤에도 5년쯤 더 조직 생활을 했다. 인천으로 파견 근무를 가기도 했다. 인천 옛 터미널 근처의 나이트클럽을 맡아서 운영했다. 그러다 너무 힘들어서 부산으로 복귀했다. 부산 남포동의 나이트클럽을 운영했다. 그 사이 번 돈으로 여동생 둘을 결혼시켰다.

여자의 권유로 사내는 조직생활을 정리하고 목포까지 왔다. 목포는 여자의 고향이었다. 둘이 3년을 살았다. 그러다 여자와 헤어졌다. 가진 돈과 집 모두를 여자에게 남겨 주고 몸만 나왔다. 그가 집을 나온 일주일 뒤부터 여자는 그 집에서 다른 남자와 동거를 시작했다. 여자는 영영 떠났지만 사내는 목포에 정이 들어 목포를 떠나지 못했다.

∞

근래 청산도는 도시인들에게 하나의 로망이 되었다. 그것은 걷기 좋은 길이나 수려한 경관 때문만이 아니다. 무분별한 개발의 광풍으로부터 비껴나 있는 것이 보다 큰 이유다. 도시인들은 청산도에서 잃어버린 고향의 원형을 발견하고 열광한다. 많은 섬들이 이미 개발이란 미명하에 옛 것들을 파괴해 버렸다. 하지만 청산도는 전통과 자연을 소중히 보존해 왔다. 그것이 이제야 빛을 발하기 시작한 것이다. 청산도는 우리의 오래된 미래다. 과거 도청리는 파시로 유명세를 떨치던 곳이다. 서해에 연평도 조기 파시가 있었다면 남해에는 청산도 고등어 파시가 있었다. 교과서에도 실렸을 정도로 중요한 파시였다. 파시(波市)는 성어기에 생선을 거래하기 위해 열리던 임시 시장이다.

청산도 고등어 파시는 일제 강점기인 1930년대부터 시작됐다. 해마다 6월부터 8월까지 고등어 군단이 몰려오면 청산도 도청리 포구에 파시가 섰다. 부산이나 일본의 대형 선단과 소형 어선들 수백 척이 드나들고 수천의 사람들이 북적거렸다. 한적하던 도청리는 일시에 해상 도시로 변모했다. 선구점과 술집, 식당, 여관, 이발소, 목욕탕, 시계점 등의 임시 점포가 생겨 선원들을 상대로 장사를 했다. 외지에서 온 상인들은 주민들에게 세를 주고 점포를 빌렸다. 그중 가장 많은 것이 색싯집이었다. 한창 때는 술과 웃음을 파는 색시가 200명이 넘기도 했다. 색싯집에는 일본 기생인 게이샤들까지 있었다. 고등어 선단은 한 번 출어로 수십만 마리의 고등어를 잡아왔다. 운반선으로 다 처리하지 못할 정도로 많이 잡히면 일부는 바다에 버렸다. 도청리 앞바다는 고등어 썩는 냄새에 골머리를 앓았다. 주민들은 고등어를 얻어다 소금 간을 해서 간독에 저렸다. 그래도 남는 고등어들은 어비(퇴비)로 만들어 쓰기도 했다. 지금처럼 생선이 귀한 시절에 고등어 퇴비는 전설 같은 이야기다.

Travel Note

청산도는 대체로 청보리와 유채가 피는 봄에 많이들 찾는다. 이 무렵에는 걷기 축제까지 있어서 섬이 인산인해를 이룬다. 이때는 결코 슬로시티의 매력을 느낄 수 없다. 청산도는 한적할 때 가야 제맛이다. 겨울에 가면 슬로 길 전체를 더없이 한적하게 걸을 수 있다. 겨울이라 추울 것 같지만 청산도 또한 제주처럼 따뜻하다. 한겨울 서울이 영하 10도로 내려갈 때도 청산도는 영상의 날씨다. 그래서 노지에 배추와 상추가 자라는 것이다.

인간의 욕망을 위해 세상은 늘 부족한 곳

추자도 | 제주

　어떤 문화권의 사람들은 바다가 사람의 생사에 직접 관여한다고 믿는다. 조수(潮水)가 사람의 혼을 옮기고 썰물이 사람의 죽음을 의미한다고 생각한다. 일본의 한 통계는 이를 뒷받침한다. "만조 때 태어나는 아이가 많고 간조 때 숨을 거두는 사람이 많다." 달의 인력이 바닷물을 끌어당기면 사람 몸속의 액체는 바다의 인력에 끌려간다. 달이 뜬 바다를 보면 사람의 심장도 뛰는 것은 그 때문이다.

　추자군도의 횡간도는 제주특별자치도의 최북단 유인도다. 보길도와 소안도가 지척이다. 그 너머는 해남 땅끝마을이다. 하지만 땅끝은 땅의 끝이 아니다. 대지를 가로질러와 해남 땅끝 마을에서 끝나는 것처럼 보였던 산줄기는 바닷속으로 이어진다. 산줄기는 흑일도, 백일도, 넙도, 노화도, 보길도, 소안도를 지나 횡간도, 추자도까지 뻗어 있다. 섬도 육지다. 한반도와 한몸으로 연결된 진정한 땅의 끝은 추자군도의 섬들이다.

∞

　상추자도 대서리. 추자도는 영광 법성포와 연평도 어장에서 사라진 조기잡이의 새로운 메카다. 추자항 주변 물량장에서는 조기 따는 작업이 한창이다. 연안유자망 어선 해창호(7.03톤)도 부두에 정박, 작업 중이다. 오늘 해창호는 추자와 제주 사이의 바다에서 조업했다. 해창호는 조기가 걸린 그물을 그대로 싣고 입항했다. 품팔이를 나온 마을 여자들과 선원들 12명이 일렬로 서서 배에 실린 그물을 뭍으로 끌어당기며 조기를 딴다. 조기들이 과일처럼 주렁주렁 매달렸다. 추자도 역시 올해 조기는 잘다. 그물에서 따낸 조기는 깨끗이 세척한 뒤 얼음물에 한 시간 남짓 재워둔다. 신선도를 유지하기 위해서다. 그 후에는 다시 꺼내 나무 상자에 넣고 얼음을 채운다. 하루 정도 지나면 조기의 몸이 더욱 노란 빛깔로 변한다고 한다. 이유를 물으니 해창호 선주 부인의 대답이 걸작이다.

"조기가 마술을 부리나 보죠."

낚싯줄 재료인 경심줄로 만든 그물은 그 자체로 바늘 없는 낚시다. 조기들은 낚시가 아니라 그물에 낚인다. 그물코에 머리가 걸린 조기들은 오도 가도 못하고 발버둥치다 생을 마감한다. 조기 따는 작업장 옆에서 선주 부인이 저녁상을 차린다. 삼치와 조기찜, 김치찌개, 방어전, 고등어회까

당신에게, 섬

지 한상 가득 푸짐하다. 선주 부인이 나그네에게도 저녁을 권한다. 허기진 나그네는 염치없이 합석한다. 돼지고기를 먹지 않는 인도네시아 출신 무슬림 어부를 위해 선주 부인은 해물된장찌개를 따로 끓였다.

수산전문가들은 흑산도와 제주 근해 참조기 풍어는 참조기의 자원량 증가와는 무관한 일시적인 현상에 불과하다고 진단한다. 흑산도나 제주 근해에서 잡히는 조기의 90% 이상이 2살 미만이며 평균 길이는 14~16센티미터에 불과하다. 과거에 비해 시기가 당겨졌다 해도 조기들이 산란하기 위해서는 최소 2년(몸길이 21.7센티미터) 이상은 성장해야 한다. 지금처럼 어린 조기들에 대한 남획이 계속된다면 연평도나 칠산어장처럼 흑산도나 추자도어장에서 조기가 사라지는 것도 시간문제다.

조기를 따는 작업장의 불빛으로 추자도의 가을밤은 환하다. 추자 어화가 부둣가에 피었다. 기관 돌아가는 소리, 수천 촉 백열등 아래 어부들은 그물을 당겨 조기를 딴다. 밤 10시, 이제 추자도의 조기 따는 일도 끝이 났다. 일꾼들은 돌아가고 선주와 선원들이 남아 그물을 세척하고 다시 배 안으로 끌어 올린다. 내일의 출어 준비를 마친 다음에야 선원들의 고단한 하루도 마감될 것이다. 이 조기잡이 풍경이 얼마나 오래 갈 수 있을까. 연평도와 칠산어장에서 조기가 멸족한 길을 흑산도와 추자도가 그대로 밟아갈 것을 지켜보는 마음은 불편하다. 눈앞의 이익을 위해 미래에 눈 감는 선주들의 욕심이 줄지 않는 한 희망은 없다. 세상은 인간의 필요를 위해서는 충분히 풍족한 곳이지만 인간의 욕망을 위해서는 언제나 모자란 곳이다.

∞

한국의 섬들에는 저마다의 신들이 있었다. 연평도의 신은 임경업 장군이고 어청도와 외연도의 신은 중국 제나라의 망명객 전횡 장군이다. 변산바다의 신은 계양할미고 진도의 신은 영등할미, 통영바다의 신은 마구할미다. 완도의 신은 송징과 장보고 장군이고 청산도의 신은 한내구 장군이다. 제주 본섬에는 1만8천의 신들이 있지만 추자도의 신은 사량도처럼 최영 장군이다. 추자도는 상하 추자 두 개의 섬이 다리로 연결되어 있는데 그중 하추자에 최영 장군 신을 모신 사당이 있다. 고려 공민왕 때 제주도에서 반란이 일어났다. 반란군에 의해 제주목사도 죽임을 당했다. 이른바 군사용 말을 기르던 몽골 출신 목자들이 중심이 된 목호의 난이다.

고려 조정에서는 최영 장군에게 전함 300여 척과 2만5천여 명의 군사를 주어 목호들의 반란을 진압하게 했다. 최영의 군사들이 제주도로 가는 도중에 거센 바람이 불어 잠시 추자도에 대피했다. 그때 최영이 주민들에게 고기를 잡는 법을 가르쳤다고 전한다. 그 은덕을 기리기 위해 추자도 사람들은 사당을 세우고 매년 백중날과 음력 섣달그믐에 풍어제를 지내왔다 한다. 최영이 정말 어로법을 가르쳤을 리는 없다. 하지만 추자도 사람들에게 대군을 이끌고 온 노장군 최영은 두렵고도 두려운 존재였을 것이다. 그를 신으로 모신다면 자신들의 안위를 지켜주고 풍어를 가져다 줄 수 있으리 믿을 만하지 않았겠는가. 최영장군이 추자도의 신으로 등극할 수 있었던 이유다.

추자면 소재지 부근 영흥리와 대서리의 집들은 다닥다닥 붙어 있어 마치 거대한 성의 일부분 같다. 옆집과 떨어져 있으면 태풍이나 파도에 휩쓸려 버리기라도 할 것처럼 한 치의 틈도 없이 양 옆으로 혹은 앞뒤로 밀착되어 있다. 오래된 습속. 땅이 부족한 것도 아닌데 사람은, 섬은 군집생활에 길들여져 있다. 섬에서는 모여 살수록 살아남을 확률이 높았다. 과거 바다일은 협업이었다. 또 왜구나 해적들의 노략질과 살육에 저항하기 위해서는 모여 살아야만 했다. 삶을 이어가고 죽음에 맞서기 위해서는 모여 살 수밖에 없었다. 추자도의 주거 양식은 확실히 생존의 확률을 높이는 구조다.

상추자 북서쪽의 무인도 직구도가 안개의 흐름에 따라 시시각각 그 풍경을 달리한다. 안개의 날에는 섬의 본 모습을 찾을 길이 없다. 사물은 객관적이지만 풍경은 주관적이다. 풍경은 속도에 종속된다. 걷는 속도, 탈 것의 속도, 바람과 안개와 구름의 속도, 마음의 속도에 지배된다. 동일한 풍경을 보고 와서도 그려내는 풍경이 사람마다 제각각인 것은 사물을 관찰

"바다는 이 행성의 피다.

우리가 어디에 살고 있든지 간에 바다는

우리 모두의 기에 영향을 끼친다.

바닷물은 이 해안에서 저 해안으로 물리적 정보뿐만 아니라

천상의 정보까지 운반하기 때문이다."

-찰리 라이리, <물의 치유력>

할 때의 속도가 각기 다르기 때문이다. 자동차의 속도가 놓치는 풍경을 걷기의 속도는 포획해 낸다.

  낚시꾼들의 천국인 추자도에 여행자들이 몰려들기 시작한 것은 제주올레 코스가 생기고 난 뒤부터다. 상하추자도 두 섬을 잇는 제주올레 18-1코스, 추자도 올레길은 산과 바다와 내륙이 어우러진 절경의 연속이다. 망망대해의 작은 섬 추자도의 풍광은 제주도와는 또 다른 다도해의 수려함이 있다. 상추자 봉래산이나 하추자 신대산 정상에서 보는 탁 트인 전망도 좋지만 상추자 등대 전망대에서 보는 남해바다 풍경은 압도적이다. 사방팔방으로 트인 바다 풍경을 360도 회전하며 바라보면 둥근 지구의 모습을 눈앞에서 확인할 수 있다. 우주 공간이 아니고서야 둥근 지구의 모습을 선채로 확인할 수 있는 한국의 땅이 추자도 말고 또 있을까. 하추자 올레길의 예초리 기정길 또한 놓치면 후회할 최고의 풍경이다. 추자도 뱃길은 대게 거칠지만 봄, 가을에는 비교적 안심하고 드나들 수 있다. 특히 5월과 10월의 추자 바다는 더없이 잔잔하다. 그래도 워낙 먼 바다의 섬이니 언제든 갑작스레 배가 묶일 수도 있다는 점은 염두에 두어야 한다. 그러니 추자도는 하루나 이틀쯤 발이 묶이고 싶을 때 떠나면 더욱 좋은 섬이다.

Travel Note

추자도 올레길을 걸으면 추자도의 정수를 볼 수 있다. 하지만 추자 올레를 다 걸으려면 적어도 이틀은 잡아야 한다. 그래서 추자도 여행길은 좀 더 시간이 넉넉할 때 떠나는 것이 좋다. 추자도 또한 먼 바다의 섬이라 자주 뱃길이 끊긴다. 시간 여유가 있을 때 가야 할 또 다른 이유다. 하지만 스스로 고립되거나 고달픈 일상에서 탈출하고 싶은 마음이 든다면 주저 없이 추자도로 갈 일이다. 추자도는 언제든 그대를 붙들어줄 준비가 되어 있다.

은하여행자

사람은 누구나 태생적 여행자이며 길의 자녀들이다
지구는 은하계를 여행하는 우주선

이 순간에도 우리가 탑승한 지구는
시속 11만 킬로미터의 놀라운 속도로 우주를 향해 한다
자기가 사는 마을의 동구 밖도 나가보지 못한 노인마저
은하여행자인 것이다
정처 없는 은하여행자들, 시간 속의 나그네들

당신에게, 섬

2015년 7월 20일 초판 1쇄 펴냄

지은이 강제윤
디자인 윤지영
발행인 김산환
편집인 조동호
편 집 윤소영
영업 마케팅 신경국
펴낸곳 꿈의지도
인 쇄 두성 P&L
종 이 월드페이퍼
주소 경기도 파주시 광인사길 68 성지문화빌딩 401호
전화 070-7535-9416
팩스 031-955-1530
홈페이지 www.dreammap.co.kr
출판등록 2009년 10월 12일 제82호

ISBN 979-11-86581-12-4-13980

- 이 책의 판권은 지은이와 꿈의지도에 있습니다.
  지은이와 꿈의지도 허락 없이는 어떠한 형태로도 이 책의 전부, 또는 일부를 이용할 수 없습니다.
- 잘못된 책은 바꾸어 드립니다.